친하다는 이유만으로

TOMODACHI GENSOU-HITO TO HITO NO 'TSUNAGARI' WO KANGAERU

Copyright ⓒ Junko Kanno 2008

All rights reserved.

First original Japanese edition published by CHIKUMASHOBO, Inc. Japan.

Korean translation rights arranged with CHIKUMASHOBO, Inc. Japan.

through CREEK&RIVER ENTERTAINMENT Co., Ltd.

간노 히토시 지음 · 김경원 옮김

'사이좋게'에서
자유로워지는
관계 수업

친하다는 이유만으로

위즈덤하우스

'친한 사이' 때문에 마음이 괴롭다면

일본청소년연구소에서 실시한 〈고교생의 의욕에 관한 조사〉에서 일본 · 미국 · 중국 · 한국의 고등학생들에게 "젊을 때 꼭 해야 할 일은 무엇입니까?"라는 질문을 했습니다. 그러자 일본 고등학생들은 "평생 함께할 친구를 사귀고 싶다"거나 "많은 사람을 만나 풍부한 인간관계를 맺고 싶다"라는 대답을 상대적으로 많이 했다고 합니다.

물론 다른 나라 학생들도 친구가 소중하다는 의식은 강했지만, 그 밖에 "훌륭해지고 싶다", "자아 성장에 힘쓰고 싶다"는 식으로 미래를 향한 적극적인 태도를 강하게 드러냈습니다. 그에 비하면 일본 학생들은 "훌륭해지고 싶다는 생각은 들지 않는다", "그럭저럭 생활할 수 있다면 좋겠다"는 식으로 미래에 대한 의욕은 저조한 반면, 다른 나라에 비해 '친구가 최고'라는 경향이 눈에 띄게 두드러졌습니다.

그러나 이러한 인식에 비해 현실적으로는 친구와 관련해 고민이나 문제가 있는 사람이 많은 듯합니다. 집단 따돌림이나 은둔형 외톨이가 사회문제로 주목을 받은 지도 꽤 시간이 흘렀습니다. 말하자면 일본의 젊은이는 인간관계를 매우 중시하면서도 어떻게 관계를 맺어 나가면 좋을지 몰라 고민하고 있습니다. 어쩌면 인간관계에 대해 자신감을 잃어버린 것은 아닐까요?

친구는 적지 않은데 어쩐지 마음 한구석이 비어 있는 것 같은 사람, 요사이 친구와 잘 지내지 못해 지쳐 있는 사람, 새 친구를 사귀고 싶지만 왠지 두려운 사람, 이성 친구는 있지만 사이좋게 지내지 못하는 사람, 부모자식 사이가 원만하지 못한 사람, 소중한 동료지만 가치관이 맞지 않아 고민하는 사람….

친구 또는 친한 사람을 소중하게 여기고 있다는 조사 결과와는 거꾸로, 최근 이런 고민을 안고 있는 사람이 늘고 있습니다. 가까운 사람과 맺은 친밀한 관계를 소중히 여겨 신경이 약해질 만큼 마음을 쓰는데도, 관계가 제대로 풀리지 않는 것은 무슨 까닭일까요?

여러분 역시 친구를 소중하게 생각하면서도 도리어 친구 관계 때문에 마음이 짓눌리는 모순에 빠진 적이 있을 겁니다. 이 문제를 풀어 나가기 위해서는 이제까지 당연하다고 여기던 '인간관계'의 상식을 근본적으로 다시 생각해볼 필요가 있습니다. 《친하다는 이유만으로》라는 제목에 바로 이 문제의식이 담겨 있습니다.

의식하지 못하는 사이, 우리는 다양한 인간관계의 환상에 사로잡혀 있는 것은 아닐까요? 잘못된 믿음에 고착되어 있는 탓에 예상하지 못한 방향으로 지나치게 주의를 기울이다가 상처를 입거나 어찌할 바 모르고 망연자실해 있지는 않은가요? 이제 무조건 긍정적인 방향, 무조건 좋은 것이라고 생각해온 '가까운 사람과의 관계'나 '친밀함'에 대해 새롭게 분석하고 고찰해보아야 할 때입니다.

이 책에서는 친한 사람과의 관계를 다시 바라보고 현대 사회가 요구하는 '친밀함'이란 어떤 것일까를 다시 파악하기 위해 '조감도'를 그려보고자 합니다.

우리가 아주 중요하다고 생각하는 문제에 부딪쳤을 때 유용한 조감도는 어떤 것일까요? 우선 중요한 문제를 '세대로 분석해 생각하기' 위한 힌트를 제공해주어야 합니다. 중요한 주제를 나누어 생각하기 위해 이 책의 주제에 따라, 말하자면 '친구'나 '친밀함'이라는 주제와 정식으로 대면하기 위해 사고방식의 방향성이나 핵심어로 구성되어 있는 조감도를 제시하고자 합니다. 사고방식의 방향성이나 핵심어를 이해한 다음에는 독자 여러분의 체험에 비추어 구체적으로 생각해 나가면 됩니다. 이제부터 이 책에서 제시하는 조감도를 참고로 '친구'나 '친밀함'에 대한 사고를 심화시켜 보시기 바랍니다. 머릿속에 뒤죽박죽 헝클어져 있던 문제들이 스르륵 풀릴지도 모릅니다.

이러한 조감도를 위해 이 책에서는 여러 가지 핵심어를 제시하고, 나아가 핵심어에 따른 문제를 정리하고자 합니다. 그 과정을 풀어가는 데 제 전공인 사회학적 방법과 사고를 동원해 문제 해결의 방법을 고찰해왔습니다. 하지만 복잡한 데이터나 난해한 전문용어는 거의 사용하지 않았습니다. '친구' 때문에 마음의 병을 앓고 있는 젊은 독자 여러분이 꼭 읽어주기를 바라기 때문입니다.

이 책이 인간관계에 대해 새롭게 사고할 수 있는 기회가 되었으면 좋겠습니다.

LESSON 08

언어로 '나'를 다시 형성하자

EPILOGUE

'친구 환상'을 넘어서

LESSON 01

혼자서 잘살 수 있을까?

혼자 살 수 있는 사회라서

관계가 더 어렵다

"사람은 혼자서 살아갈 수 없는 법이다."

여러분은 선생님이나 부모님에게서 이런 말을 자주 들었을 겁니다. 드라마나 영화에서도 종종 등장하는 대사이지요. '뭐, 그야 그렇지. 인간은 혼자서 살아갈 수 없지' 하고 이 말을 그대로 받아들이는 사람도 있을지 모릅니다. 그러나 반대로 '정말 그럴까? 어쩐지 곧이곧대로 들리지 않는데? 사실 사람은 혼자서도 충분히 살아갈 수 있지 않을까?' 하고 생각하는 사람도 있겠지요.

여러분은 어떻게 생각하시나요?

이 물음에 관한 대답을 예측해보면 이렇습니다. 나이가 많을수록, 그리고 주거 지역이 외질수록, "사람은 혼자서 살아갈 수 없다"라고 대답할 가능성이 높습니다. 반면 젊은 연배일수록,

그리고 도시에 살수록 "의외로 인간은 혼자서도 살아갈 수 있지 않을까?"라고 대답할 가능성이 높을 것 같습니다. 물론 도시에 사는 젊은이가 다 '혼자서 살아갈 수 있다'고 생각할 리는 없겠지만요. 그러나 전체적으로는 이런 경향이 나타날 것이라고 생각합니다.

사람과 사람 사이의 '관계' 문제를 생각하는 첫 출발점으로 인간은 혼자 살아갈 수 없는가, 아니면 그럭저럭 혼자서 살아갈 수 있는가 하는 문제를 생각해봅시다.

과거 일본에는 '마을공동체'[1]라는 말로 자주 표현하는 지역공동체가 존재했습니다. 이른바 '이웃 사람의 얼굴과 이름을 죄다 알고 있는' 마을공동체입니다.

마을공동체의 특징은 지방의 농촌이나 어촌뿐 아니라 도쿄 같은 도시에서도 마찬가지였습니다. 영화니까 허구적인 요소가 꽤 담겨 있다고는 해도 〈올웨이즈 3번가의 석양ALWAYS 三丁目の夕日〉에 나오는 것처럼 서로 이웃한 주민들이 매우 밀접한 관계를 맺고 있는 '동네'가 1960년대 중반까지 확실히 자리 잡고 있었습니다.

마을공동체가 확고하게 존재하던 과거에는 '혼자서 살아갈 수 없는 것'이 엄연한 사실이었습니다. 무엇보다 먹을 것이나 입을 것을 비롯해 생활에 필요한 물자를 조달하거나 일거리를 얻

---

1) 무라 사회: 무라(村, 마을)는 인간생활의 긴 역사적 과정에서 서서히 형성된 인간의 집합으로 공동운영의 유대와 통합을 유지하기 위해 신앙상의 상징이나 행사를 만들기도 했다. 대표적으로 마쓰리는 풍작이나 풍어를 기원하는 것과 동시에 무라의 단결이나 일체성을 확인하거나 과시하는 행사이기도 하다.

기 위해서는 여러 사람들의 도움을 받아야 했기 때문입니다.

이처럼 물리적으로 혼자서는 살아갈 수 없는 시대는 오랫동안 지속되었습니다. 따라서 마을공동체 안의 인간관계에서 내쳐지는 '따돌림'이라는 처분은 사활이 걸린 문제였습니다.

그러나 근대사회로 진입하면서 생활의 매개 수단으로 화폐(돈)가 널리 침투하면서 사정은 달라졌습니다. 극단적으로 말해 이제는 돈만 있으면 살아가는 데 필요한 서비스를 거의 손에 넣을 수 있는 사회가 되었습니다.

특히 편의점 등 24시간 영업이 늘어나면서 언제든지 필요한 생활필수품을 구할 수 있고, 인터넷 쇼핑과 택배를 이용해 방 안에서 꼼짝하지 않아도 모든 서비스를 누릴 수 있습니다. 일의 종류에 따라서는 이메일과 팩스만으로 업무를 볼 수 있는 경우도 있습니다.

이렇듯 이제는 혼자 살아가는 일이 예전처럼 곤혹스럽지 않습니다. '아무도 만나지 않고 혼자 살아가는 삶의 방식'도 선택 가능한 것입니다. 어떤 의미에서 '사람은 혼자서 살아갈 수 없다'는 기존의 전제가 더 이상 통하지 않는 상황이 발생한 것이지요.

물론 현대 사회의 변화를 강조하면서 "그러니까 혼자서도 살아갈 수 있다!"라고 말하려는 것은 아닙니다. 다들 뿔뿔이 흩어져 자신의 욕망에 따라 멋대로 살아가자는 말도 아닙니다. '혼자서도 살아갈 수 있는 사회가 되었으니 인간관계가 예전보다 복잡하고 어려워지는 것은 당연하다는 것, 인간관계가 진정한 의미에서 소중해졌다는 것'을 말하고 싶을 뿐입니다. 관계의 문제는 이러한 관점에서 다시 생각해보아야 할 것입니다.

오늘날 우리는 돈만 있으면 혼자서도 살아갈 수 있는 사회에서 살아가고 있습니다. 그러나 '그래도 아무도 없이 혼자서는 쓸쓸하지 않을까?' 하는 것이 보통 사람의 생각입니다. 세상을 등지고 고독하게 살아가는 삶을 진심으로 이상적이라고 생각하는 사람도 없지는 않겠지요. 하지만 아무리 고독을 좋아하는 사람이라도 대개 철저한 외톨이가 되면 외롭다고 느낄 것입니다. 그럼 왜 혼자는 쓸쓸할까요?

친한 사람, 안심할 수 있는 사람과 함께 있고 싶고, 누군가와 관계를 맺고 싶다는 것이 인간의 행복을 떠받치는 커다란 버팀목이기 때문입니다. 따라서 대다수 사람들은 친구를 원하고 가정의 행복을 추구합니다.

사람과의 관계에서 '이 사람을 사귀면 편리하다 혹은 불편하다, 나에게 이익이다 혹은 손해다'라는 식으로 이득만 따지는 관계도 분명히 있지만, 사람과 사람 사이의 관계에 그런 측면만 있는 것은 아닙니다.

정리하자면, '사람은 혼자서 살아갈 수 있을까?'라는 질문에 대한 저의 대답은 이렇습니다.

"현대 사회에서 기본적인 경제적 조건과 신체적 조건을 갖추고 있다면, 혼자서 살아가는 것이 불가능하지 않다. 그러나 혼자서 살아가고 있다고 생각할지라도 사람은 반드시 다른 사람과 관계 맺기를 원할 것이다."

친해지는 방법이 달라져야 한다

누구에게나 '다른 사람과 친해지고 싶다', '인간관계를 통해 행복을 느끼고 싶다'라는 바람이 있습니다. 본질적으로 인간은 관계를 추구하는 존재인 거죠. 그러나 현대 사회에서는 관계를 추구함으로써 도리어 상처를 입거나 다른 사람을 몰아붙이는 상황에 빠질 때가 있습니다. 이 책을 읽는 독자들도 그런 경험이 적지 않을 것입니다. 어째서 그렇게 되는 걸까요?

첫째, '친근해지는 방법'이 아직도 '마을공동체' 시대의 전통적 사고방식에 지배당하고 있기 때문입니다.

나이가 지긋한 사람은 말할 것도 없고 의외로 젊은이마저도 이 '낡은 방법'에 얽매여 있는 사람이 많습니다. 어쩌면 젊은이들이 오히려 전통적 사고방식에 더 강렬하고 순수하게 순종하는 경향이 있을지도 모릅니다.

어느 정도 사회적 경험이 쌓여갈 때 겪게 되는 종잡을 수 없는 변화를 젊은이들은 정면으로 받아들이기도 합니다. 중학교, 고등학교 때 선후배 관계를 맺는 양상을 보면 그런 느낌이 듭니다. 한두 살밖에 차이가 나지 않는데도 엄격한 상하관계를 지킵니다. 그로 인한 괴로움 끝에 폭발해버리는 일이 일어나기도 하죠.

우리는 공동체적 관계나 유대 속에서 특히 전통적 방식으로 키워온 친근함을 모델로 삼고 있습니다. 그 친근함 모델에는 분명 이해득실을 전면으로 끌어안는 따뜻함과 깊이 있는 애정이 있을지 모릅니다. 그러므로 무조건 부정할 수는 없습니다. 그러나 똑같은 직업이나 생활양식을 가진 마을공동체와 같은 방법을 통해서는 이제 친근함을 유지할 수 없습니다. 그만큼 우리가 놓여 있는 상황은 눈에 띄게 달라졌습니다.

예전의 마을공동체와 같은 전통적 방식을 고집해서는 이제 복잡다단하고 이질적인 생활양식이나 가치관을 가진 가정, 학교, 직장의 구성원들과 더불어 살아가는 일이 곤란해집니다. 다시 말해 그 방식으로는 '오늘날의 시대'에 맞지 않는 측면과 부딪치고 맙니다. 동질성을 전제로 한 공동체 방식에서 자각적으로 탈피해야 할 시기에 들어섰다고 봅니다. 이러한 변화는 이 책을 읽는 젊은이들은 물론, 무엇보다도 오늘날 교사와 부모도 꼭 이해해야 할 중요한 점입니다.

공동체적 친밀함이라는 관계로부터 벗어나서 사람과 사람 사이의 거리감을 좀 더 냉철하게 바라보고, 마음이 맞지 않는 사람과도 함께 지내는 방법을 생각해야 합니다. 사람과 사람의 관계에 대해 근본적으로 발상의 전환을 시도해야 하는 것입니다. 그것이 이 책의 중요한 주제입니다.

LESSON 02

우리는 모두 남이어야 한다

인간관계의 두 종류

인간은 인간관계를 통해 대체 무엇을 얻으려고 할까?

이 중대한 문제를 생각하기 위한 기초 작업으로 우선 사람과 관계를 맺는 것에 대해 조금 파고들어 고찰해보지요.

인간관계는 크게 두 가지로 나누어 생각해볼 수 있습니다. 하나는 인간관계, 즉 타인과 관계를 맺음으로써 자신의 이익을 얻으려는 것입니다. 관계를 맺는 것 자체가 목적이 아니라 어디까지나 목적이 관계의 외부에 있는 경우입니다. 돈이나 출세를 위해 사람들과 사귀는 경우겠지요.

또 하나는 인간관계 자체가 목적인 경우입니다. 이 사람과 함께 있으면 기분이 좋아지고, 마음이 놓이고, 뜻이 맞아 즐거운 경우로 대표적으로 친구나 가족 등 이해득실을 넘어선 관계가 그렇다고 할 수 있습니다.

인간관계의 두 가지 성질은 현실적으로 중첩되는 경우도 많습니다. 친구와 사이좋게 지냄으로써 시험 칠 때 도움을 받기도 하고, 업무 때문에 알고 지내는 사이지만 친구처럼 마음이 잘 통하다 보니 고민을 털어놓기도 합니다. 그렇지만 인간관계의 본질을 제대로 고찰하려면 두 종류의 인간관계를 개념적으로 일단 구별하는 편이 좋습니다.

이 중 후자, 즉 인간적 유대 자체가 목적인 인간관계의 본질을 이 책에서는 '교류'라는 핵심어로 나타내고자 합니다.

혼자서도 살 수 있지만

외톨이는 어쩐지 공허해

우리는 사람과 사람의 유대를 통해 대체 무엇을 추구할까요? 말할 것도 없이 '행복'일 것입니다. 다만 행복이라는 같은 말에도 상이한 측면이 내포되어 있을 수 있습니다. 즉 인간관계를 이용해 자기(만)의 행복을 추구하려는 경우도 있는 반면, 인간관계 자체를 소중히 여기고 진심 어린 교류를 원함으로써 진정한 행복을 느끼려는 경우도 있습니다.

인간은 다양한 사고방식을 갖고 있지만 주위 사람들을 포함해 자기 자신이 행복해지고 싶다는 마음이 '삶'의 가장 중요한 핵심이라고 생각합니다. 나아가 자기 혼자만 행복하기보다는 가까운 사람들을 중심으로 되도록 많은 사람들과 행복을 느끼는 것이 더욱 커다란 행복을 맛보는 길이 아닐까요?

최근에는 '행복이란 무엇인가?'라는 물음을 의식의 표면으로 끌어올리지 않거나 이런 이야기 자체를 부끄러워하는 분위기가 있습니다. 그렇기 때문에 이 책에서는 일부러 직접 남에게 이야기하기 쑥스러운 물음, 그러나 인간에게 무엇보다도 중요한 문제인 '행복이란 무엇일까?'에 대해 생각해보려는 것입니다.

누구나 '이 학교에 들어가고 싶다'든가 '이런 직업을 갖고 싶다'든가 '이런 사람과 결혼하고 싶다'는 생각을 해본 적이 있을 것입니다. 이런 꿈에 대해 친구와 이야기를 나눈 적도 있을 테지요. 이런 생각은 결국 '나는 어떻게 하면 행복해질까?'에 대한 자기 나름의 대답을 구체적으로 표현한 것입니다.

인간이 추구하는 '행복의 구체적인 모습'은 개인마다 다릅니다. 어떤 사람에게는 가수가 되어 텔레비전이나 무대를 통해 청중 앞에서 자신을 표현하는 것이 행복일지 모릅니다. 반대로 어떤 사람은 사람들 앞에서 절대로 노래하지 않겠다고 할 것입니다. 눈에 띄는 일을 하고 싶은 사람도 있고, 반대로 뒤로 물러나 누군가를 지원하는 일에 행복을 느끼는 사람도 있습니다.

사람에 따라 여러 유형이 있는 만큼 한마디로 '이것이야말로 행복의 모습이오!' 하고 구체적으로 거론하는 것은 불가능합니다. 하지만 이처럼 다양한 행복의 양상에서 본질을 추출할 수는 있습니다. 다시 말해 행복의 모습은 모두 다를지라도 공통적인 본질을 가려내는 것은 가능하다고 생각합니다.

인간의 본질적인 행복은 결국 두 가지 모멘트(계기)로 모아집니다. 이 두 가지 모멘트만큼 행복을 이야기할 때 중대한 핵심은 없지 않을까 합니다.

행복의 모멘트 ①

– 자아실현

하나는 '자아실현'이라는 모멘트입니다. 이것은 '자기충실'이라는 말로 표현할 수도 있습니다. 즉 자신의 능력을 최대한 발휘할 수 있는 곳에서 하고 싶은 일을 할 수 있다면. 이것이야말로 커다란 행복일 것입니다.

천직天職이라는 말이 있습니다. 영어로는 calling이라고 합니다. '이 일을 할 사람은 바로 당신이라고 부름받은 일'이라는 뜻입니다. 부른 것은 '하늘의 음성' 즉 하느님입니다. 다시 말해 하늘이 부여해준 '천부적 자질'이라는 의미입니다. 하늘이 내려준 재능을 발휘할 수 있는 일을 직업으로 얻는다면 얼마나 행복할까요. 메이저 리그의 이치로 선수, 여자 아마추어 레슬링의 요시다 사오리 선수吉田沙保里(아테네 올림픽을 비롯해 2002년부터 5년 연속 세계대회를 제패했다) 등을 보면 '천직'이라는 말을 실감합니다.

그렇게 특출한 경우는 아니더라도 '이 일이 내 적성에 맞는군', '막상 해보니까 즐겁네' 하고 느껴지는 일을 통해 자신의 능력을 발휘할 수 있다면 자아실현이라는 모멘트를 얻었다고 할 수 있을 것입니다.

행복의 모멘트 ②

– 타자와의 교류

또 하나의 모멘트는 이 책의 중요한 주제인 '타자와의 교류'입니다.

앞서 말한 바 있듯, 인간관계의 두 가지 개념적 구별 가운데 관계 자체가 목적인 관계를 '교류'라는 말로 표현하고자 합니다. 나아가 교류의 기쁨을 두 가지로 나누어 생각해보고 싶습니다.

1. 교류 자체의 기쁨

하나는 '교류 자체', 즉 사람과 사람의 깊은 유대 자체가 지닌 기쁨이 있습니다. 이를테면 엄마가 갓난아기를 돌볼 때 가끔 불현듯 꿀꺽 삼켜버리고 싶을 만큼 사랑스러운 나머지 힘껏 껴안는 순간이 있습니다. 그 어떤 논리를 떠나 아기가 있는 것만으로 행복하기 때문입니다.

연인 관계에도 그런 순간이 있습니다. 사귀기 시작한 지 얼마 안 된 시기에는 무슨 까닭인지는 알 수 없지만 함께 있는 것만으로도 즐겁고, 그 사람의 목소리를 듣는 것만으로 행복합니다. 서로 이어져 있다는 것 자체만으로 눈이 부실 만큼 행복하게 느껴지는 것을 체험할 때가 있습니다.

그렇게 대단한 관계가 아니라도 마찬가지입니다. 신기하게도 마음이 맞는 친구와 함께 있으면 딱히 무슨 일을 하지 않더라도 함께 있다는 것만으로 기분이 좋아집니다.

저도 그런 적이 있습니다. 방에 함께 있기는 하지만 친구는 잠자코 텔레비전을 보고 저는 곁에서 기타를 만지작거릴 뿐입니다. 그렇지만 그곳에서 시간과 공간을 공유하는 것 자체가 뿌듯하고 포근한 것입니다. 그런 수준의 유대감이 있는 법이지요. 그것이 '관계 자체의 기쁨'입니다.

2. 타인에게 인정받는 기쁨

다른 하나는 '타인에게 인정받는 것'입니다. 두 사람 사이라면 상호 인정이 되겠지요. '○○는 좋은 아이야', '멋진 친구야', '공부를 참 잘해', '센스 있게 옷을 입는 것 같아' 등등 내용이야 무엇이든 상관없습니다.

'무언가를 타인에게 인정받는' 기쁨이야말로 실은 무엇과도 바

꿀 수 없을 만큼 소중합니다.

저 같은 경우에는 '좋은 책을 쓰셨군요', '오늘 강의 참 좋았어요' 하는 말을 들을 때가 그렇습니다.

사회적 관계 속에서 자신의 활동이나 존재 자체를 인정받는 것은 아까 언급한 '자아실현'과 더불어 더할 나위 없는 기쁨입니다. 자신의 능력을 마음껏 발휘할 수 있는 일을 할 수 있고, 그 성과를 높이 평가받는다면 얼마나 기쁠까요.

인정의 모멘트는 인간에게 지극히 중요합니다. 그래서 '무시'당하면 엄청나게 쓰라린 법이고, 때로는 인정을 둘러싸고 다툼이 일어나기도 합니다.

간혹 학교에서는 '○○만 사랑을 독차지하는 같아' 하는 소문이 은연중 퍼질 때가 있습니다. 이것은 선생님에게 서로 인정받으려는 욕구로 인해 긴장관계가 발생하는 분위기를 드러냅니다. 최근에는 성실한 학생이 집단 따돌림의 대상이 되기 쉽다고 하더군요. '성실함 = 선생님에게 인정받고 있을 가능성'이 도리어 주위 학생들의 경계 대상이 된다는 것을 암시하는지도 모릅니다.

그밖에도 인정을 둘러싼 경쟁은 가까운 사이에서도 곧잘 일어납니다. 형제 관계에서도 누가 더 부모에게 귀여움을 받느냐를 둘러싸고 싸움을 벌입니다. 회사라면 '누가 상사의 눈에 들었나?'를 가지고 라이벌끼리 신경전을 벌이는 일이 있습니다. 삼각관계의 진구렁에 빠져 허덕이는 것도 연인에게 인정을 받고자 하는 욕망에 기인하는 행위인지 모릅니다.

나 이외의 인간은 모두 타자

지금껏 '타자'라는 말이 반복해서 나왔습니다. 타자라는 말은 앞으로 관계를 생각할 때 아주 중요한 핵심어입니다.

보통 일상생활에서 '나와 자네는 타자야' 하는 말은 하지 않습니다. 또한 타자는 '타인'이라는 말로 바꾸어도 좋을 때가 많지만, 조금 뉘앙스가 다를 때도 있습니다.

예컨대 자기 부모를 타인이라고 말하는 사람은 별로 없습니다. "부모지만 결국 타인이야" 하는 말은 심하게 싸우고 난 다음에나 할 법한 말입니다.

부모와 달리 혈연관계가 아닌 부부나 연인, 친구끼리 '나와 너는 타인이야' 하는 것도 말 자체는 틀린 말이 아니지만 어쩐지 냉정한 느낌입니다. 이 말은 관계를 부정적으로 보기 때문에 웬만하면 입 밖으로 꺼내기 어렵습니다.

그러나 여기에서 타자라는 말을 꺼낸 목적은 사람과의 유대감
을 냉정하게 끊어내려는 것이 아닙니다. 아무리 가까운 존재
라도 자기 이외에는 모두 타자입니다. 자신과 다른 사고방식
과 감정을 느끼는 다른 인간입니다. 좀 엉성한 정의이기는 하
지만 '타자=자기 이외의 모든 인간'이라고 생각하는 것이 인
간관계를 둘러싼 까다로운 문제를 쉽게 푸는 실마리가 될지도
모릅니다.

사실 친밀한 관계일수록, 아니 친밀한 관계이기 때문에 타자라
는 인식은 더욱 중요합니다. '타자'라는 인식을 확실하게 갖고
있지 못하면 '자기'라는 존재도 명확해지지 않습니다.

'내 마음을 알아줄 거야'라는 오만

타자는 다시 두 종류로 나누어볼 수 있습니다. 하나는 '낯선 타자'입니다. 이것은 '타인'과 바꾸어 쓸 수 있습니다. 우리는 낯선 타자를 타인이라고 부르니까요.

또 하나는 '낯익은 타자'입니다. 이 말은 일상적으로 쓰지 않지만 중요한 핵심어입니다. 여기서는 '아주 가까운 사이지만 타자'라는 뉘앙스에 주목해보려고 합니다.

아무리 친한 사람이라도 자기가 모르는 면도 있고 자기와 다른 성격을 갖고 있는 것을 종종 봅니다. 이것을 '이질성'이라고 합니다. 아무리 마음이 잘 맞고, 신뢰할 수 있고, 마음을 허락할 수 있는 사람이라도 자기와는 다른 가치관이나 감각을 갖고 있는 법입니다. '이질성을 지닌 타자'라는 것은 모든 인간관계를 생각할 때 기본적인 대전제입니다.

'이질성 – 나와는 다르다는 것을 전제로 생각하는 것'은 어쩐지 부정적인 함의를 느끼게 할지도 모르지만 실제로는 그렇지 않습니다.

반대로 친구이기 때문에, 부모자식 사이이기 때문에 '내 마음을 알아줄 거야', '우리는 마음이 하나니까' 하고 생각하면 자칫 자기밖에 보이지 않습니다. 그것은 타자의 존재를 무시한 오만한 생각일 수 있습니다. 극단적인 예를 들자면 스토커가 그렇습니다. 그들은 상대방의 타자성(타자라는 본질적인 성질)을 이해하지 못한 채, 자기 마음을 투영하는 도구로만 상대방을 바라봅니다. 상대를 타자로 의식하는 지점에서 비로소 진정한 관계와 친밀함이 생겨납니다.

타자라는 존재의 이중성

'타자 = 자기 이외의 모든 인간'이라는 의미에 대해 설명했습니다. 그러면 구체적으로 타자는 어떤 성격의 존재일까요?
타자는 이중의 본질적인 성격을 갖고 있습니다. 타자를 생각할 때는 이것을 염두에 두어야 합니다.

1. 타자는 '위협의 근원'
그중 하나는 타자는 '위협의 근원'이라는 점입니다. 이것은 철학자 다케다 세이지竹田青嗣의 표현입니다. 타자는 '위험하다고 느끼는 존재', '두려운 존재'라는 뜻입니다.
이를테면 다음과 같은 상황을 떠올려보지요. 밤길을 혼자 걷는데 뒤에서 저벅저벅 발소리가 가까워지면(실은 집에 가는 길이 같을 뿐인데), 무슨 짓을 당할지 모른다는 공포를 느낄 때가 있습니다.

아주 친근한 타자일지라도 생각지도 못한 말 한마디에 상처를 입을 때가 있습니다. 상대방은 그럴 의도가 없었겠지만 아무렇지도 않게 내뱉은 한마디가 가슴을 아프게 할퀼 때가 있습니다. 설령 별 뜻 없이 한 말이라도 부모님에게 '형 좀 봐라, 넌 왜 그 모양이니?' 하고 비교당하는 말을 들으면 꽤나 상처를 입기도 합니다. 그럴 때는 아무리 가까운 사람이라도 위협의 근원이 됩니다.

2. 타자는 '삶의 묘미'

앞서 타인의 인정을 얘기할 때도 언급했지만, 타자는 삶의 기쁨을 주는 존재이기도 합니다. 다케다 세이지는 이를 '에로스의 근원'이라고 표현했는데, 에로스라는 개념이 좀 어렵기 때문에 저는 그것을 '삶의 묘미'라고 바꾸었습니다.

'아, 다행이다', '어쩜 이렇게 멋질까', '정말 기쁘구나' 하고 느끼는 삶의 긍정적 감정 총체를 가리켜 '삶의 묘미'라는 핵심어로 나타낼 수 있습니다. 한마디로 살아 있다는 것이 즐겁고 행복해서 가슴이 설레는 기분입니다. 타자는 이런 기쁨을 가져다주는 존재, '삶의 묘미를 느끼게 하는 근원'입니다. 따라서 타자에게 인정받거나 주목받거나 칭찬받는 것은 활동에 힘을 보태

주는 격려이자 가슴 벅찬 기쁨입니다.

예를 들어 100미터를 아무리 빨리 달려도 타인에게 인정받지 못한다면 만족감을 느낄 수 없습니다. 아무도 모르는 곳에서 "난 100미터를 9.7초에 달릴 수 있어"라고 말한들 공허할 뿐입니다. 그것이 공인 기록으로 남거나 관중 앞에서 세운 기록이어야만 "저 사람은 그때 9.7초의 기록을 세웠어" 하는 말을 들을 것이고 역사에도 남을 것입니다. 이 정도로 큰 사건이 아니더라도 주위 사람에게 인정받는다는 것은 살아가는 데 큰 힘이 됩니다.

아무리 애써도 틀어지기 마련인

타자와의 관계

타자라는 존재가 복잡한 까닭은 위협의 근원인 동시에 삶의 묘미(또는 에로스)의 근원이라는 이중성 때문입니다. 사람은 타자의 이중성에 늘 휘둘리기 마련입니다.

어느 한쪽만 존재한다면 삶은 매우 단순할 것입니다. 만약 타자가 위협의 근원이기만 하다면, 세상과 단절하고 집안에 틀어박혀 자신의 취미에 몰두하는 것만으로 즐거울지 모릅니다. 하지만 아무리 생각해도 '은둔형 외톨이'는 고통스럽습니다. 왜냐하면 타자의 위협은 없겠지만 타자가 가져다주는 삶의 묘미도 얻을 수 없기 때문입니다.

반대로 인간관계에 즐거움만 있다면 애당초 이런 책을 쓸 필요가 없을 것입니다. '모두들 사이좋게 지내자'는 긍정적인 방향으로만 나아가면 될 테니까요.

하지만 타자와의 관계는 그렇지 못합니다. 아무리 사이가 좋아도, 아무리 상대나 주위를 배려해 말하고 행동하려고 애써도, 오해하기도 하고 사이가 틀어지기도 합니다. 어쩌다가 인간관계가 뒤틀렸을 경우 상대에게 의도적인 악의가 있는 편이 오히려 대처하기 쉽습니다.

정말 감당하기 힘든 경우는 딱히 상처를 주려는 의도가 없었는데도 상대방의 무심한 말과 행동 때문에 내가 상처를 입을 때입니다. 또는 무의식적인 내 말과 행동으로 알지 못하는 사이에 상대가 상처를 입을 때입니다.

공동성의 환상:
친구로 인한 고민은 왜 끊이지 않는 걸까?

왜 자리에 없는 사람의 흉을 볼까?

학교에서는 반 친구들끼리 작은 집단을 이루어 쉬는 시간 등에 늘 함께 활동합니다. 이때 친한 사이인데도 자리에 없는 친구의 흉을 보는 일이 자주 있습니다. 이것은 새삼스러운 일이 아닙니다.

사회학에는 희생양 이론이라는 것이 있습니다. '희생양'이란 원래 구약성서에 나오는 바와 같이 속죄를 위해 바치는 산양을 가리킵니다. 구약성서 시대에는 인간의 죄를 대신해 산양을 황야에 풀어놓는 종교적 의식이 있었습니다. 한마디로 산제물입니다. 여기서 비롯돼 사람들의 증오, 불안, 시기심 등을 하나의 대상(개인이나 집단)에 전가해 화살을 돌리는 일을 가리켜 "○○를 희생양으로 삼다"라고 말합니다.

그러면 친한 사이인데도 왜 그 자리에 없는 친구의 흉을 볼까요?

이는 제3자(나와 너를 제외하고 이 자리에 없는 사람)를 배제함으로써 '너와 나의 친밀함을 서로 확인하는 행위'입니다. A와 B가 그 자리에 없는 C의 험담으로 열을 올림으로써 A와 B는 그 순간 자신들의 친밀함을 재확인하는 것입니다. 이런 일은 흔히 벌어집니다.

그렇지만 이런 일은 두 사람에게 새로운 불안을 불러일으키기 십상입니다. 그것은 언제 자기가 배제당할지 모른다는 불안입니다. 그 결과 불안은 점점 더 불어나 더욱더 확고해집니다.

한번은 이런 장면을 본 적이 있습니다. 저는 제 아들을 유치원에 데려다주고 데려오는 일을 자주 맡았습니다. 다른 엄마들은 유치원 앞에 모여 언제나 이야기꽃을 피웠습니다. 아이들은 벌써 유치원으로 들어갔는데도 엄마들은 집으로 돌아가지 않고 그 자리에 남아 계속 이야기를 나눴습니다. 아빠들이었다면 용무가 끝나자마자 곧장 발길을 돌렸겠지요.

아내에게 엄마들 이야기를 했더니 이렇게 말했습니다.

"아마도 그 자리에 없으면 불안하기 때문일 거야. 사실 매일 같이 몇 십 분이나 수다를 떨고 싶지 않은 사람도 있겠지. 그렇지만 그 자리에 없으면 무슨 말을 할지 모르니까 그러는 게 아닐까?"

더구나 다른 사람은 다 아는데 자기만 모르는 상태를 극단적으로 두려워하는 경향도 있는 듯합니다. 대단한 내용의 정보는 아 닐지언정, 정보를 공유하지 않는 것만으로 본인이 배제당할 빌 미를 줄지도 모르기 때문입니다.

어떤 집단은 항상 밀접한 관계를 맺지 않으면 언제 배제당할지 모른다는 불안을 안고 있습니다. 불안하기 때문에 더욱더 관계 를 강화하고 고착시킵니다.

교사의 눈으로 보면 '저 아이들은 언제나 사이좋게 지낸다'고 여기는 학생 집단이라도, 실제로 이야기를 들어보거나 잘 관찰 해보면 실은 긴장감 도는 상태로 어울리는 경우가 있습니다. 물 론 사이가 나쁜 것도 아니고 함께 있으면 즐겁기도 하지만, '그 집단에 속해 있지 않으면 불안하니까, 뒷구멍으로 험담을 듣기 싫으니까' 함께 지내는 상태일 가능성도 있습니다.

동조 압력, 우정을 강요받다

요즘 들어 스마트폰을 통한 의사소통 방식에 염려스러운 마음
이 듭니다. 우리는 특별히 서두를 것도 없는데 앉으나 서나 스마
트폰을 손에 쥐고 있는 사람을 흔히 볼 수 있습니다.

문자메시지를 보내면 얼마나 빨리 답장을 해주느냐에 따라 상
대방의 우정이나 애정이 얼마나 되는지 재보려는 사람도 적지
않은 것 같습니다. 답장이 늦으면 '어째서 곧장 답장을 해주
지 않았어?', '날 생각하는 마음이 그 정도야?' 하고 따집니다.
이것은 서로 마음이 편치 않은 상태를 조성하는 행위가 아닐
까요?

메시지를 발송한 사람은 답장이 늦어지면 불안해집니다. 메시
지를 받는 사람은 즉답을 해야 한다는 압박감을 느낍니다. 그리
고 '친구니까, 또는 사귀는 사이니까, 매일 메시지를 주고받아

야 한다'는 규칙을 만들어버립니다.

본래는 행복해지기 위해 '친구'나 '친한 사이'가 된 것인데, 도리어 그런 존재가 거꾸로 스스로도 숨 막히고 상대방도 숨 막히게 하는 괴상한 관계를 낳고 맙니다. 저는 이것을 '동조 압력'이라고 일컫습니다.

제가 연구실 공부모임에서 '동조 압력'이라는 말을 사용했을 때, 어느 여학생 제자가 이렇게 말했습니다.

"선생님, 저는 고등학교에 다니는 3년 내내 동조 압력 때문에 괴로웠어요."

그녀는 언제나 함께 행동해야 한다는 분위기가 무척 부담스러웠다고 합니다. 빠져나가려고 해도 빠져나갈 수 없었고, 조금이라도 거리를 두려고 하면 '너 요즘 냉정해졌다?', '좀 달라졌는데?' 하는 말을 들었습니다. 그럴 때는 언제 따돌림의 대상이 될지 몰라 불안했습니다.

그렇다고 거리를 두면 혼자만 고립되는 것이 두려웠다고 합니다. 이렇게 매일매일 괴로워하며 지내다가 대학에 들어오고 나서야 '남은 남, 나는 나'라는 분위기 속에서 해방감을 느꼈다고 합니다.

"'동조 압력에 어떻게 대처해야 할까?' 이것이 그 당시 제게 주어진 과제였다는 것을 이제야 똑똑하게 깨달았어요."

그녀는 오랫동안 품고 있던 가슴의 응어리가 풀린 듯 이렇게 말했습니다.

가끔은 명치끝에 걸려 마치 체한 듯 답답했던 것이 어떤 핵심어를 통해 시원하게 풀릴 때가 있습니다. 아마도 그녀는 자신을 언제나 친구로 받아주고 행동을 함께하는 집단에 대해 '아, 답답해. 거리를 두고 싶어. 내가 이기적이라서 그런가?', '날 친구로 대해주는 아이들한테 못할 짓을 하는 건 아닐까?', '가끔은 혼자 행동하고 싶은데 이런 마음을 솔직하게 말할 수 없어' 하는 생각에 혼자 끙끙 앓았던 것은 아닐까요.

학교는 같은 나이 또래의 친구들이 모이는 동질적인 집단입니다. 따라서 그곳은 동조 압력이 높기 마련입니다.

좋든 싫든 다른 학생과 똑같이 교복을 불량스럽게 입거나 친구들과 함께 한창 유행하는 가방을 가지고 다니거나 당시 학생들 사이에서 유행하는 은어(이것에 대해서는 여덟 번째 장에서 상세하게 다룰 것입니다)를 입에 담습니다. 스스로 원해서 선택한다기보다는 혼자 유별나게 보이는 것이 두렵고, 분위기를 못 맞추는 애라고 손가락질 당하는 것이 싫기 때문에 어쩔 수 없이 친구들과 보조를 맞추는 것이죠.

모습은 다양할지라도 제 주위에는 다양한 동조 압력이 감돌고 있습니다. 이 책을 읽는 독자들 중에도 지금 이 순간 동조 압력 때문에 괴로워하는 사람이 있을지도 모릅니다.

이것은 학교뿐만 아니라 어른의 세계에도 해당됩니다. 직장에서 매일 똑같은 멤버와 습관적으로 점심을 먹으러 갈 때나 놀이터 만남[2] 이후 엄마들의 모임에 참석할 때에도 동조 압력을 느끼기도 합니다.

2) 놀이터 만남 : 엄마가 아기를 데리고 근처 놀이터에 나가 그곳에 놀러 온 엄마들과 처음 만나 사귀는 일.

불안에서 벗어나기 위한 '집단 이루기'

지금 우리가 주위에서 접하는 동조 압력은 새로운 공동성이라 부르기도 하는, 현대 사회에 새롭게 등장한 공동성에 대한 압력이 아닐까 생각합니다. 일본 사회는 하드웨어(물적 환경이나 법적 제도)는 충분히 근대화를 이루었을지 모르지만, 소프트웨어(정신적인 측면이나 가치관)는 아직 마을공동체적인 동질성의 관계성에 얽매여 있는 듯합니다. 그러나 소프트웨어를 뒷받침하는 현실적인 근거가 마을공동체를 뒷받침한 전통 사회와는 다릅니다.

마을공동체적인 전통적 공동성을 떠받친 근거는 생명 유지의 상호성이었습니다. 빈약한 생산력에 기초한 옛날에는 서로 도우며 공동의 형태를 취하지 않으면 서민의 생활을 유지할 수 없었습니다. 그러므로 전통적인 마을공동체적 공동성은 '모난 돌이 정 맞는다', '힘센 쪽에 붙어라' 같은 속담이 드러내듯 동조 압력이 강한 반면, 서로 힘을 합쳐 도와주는 상호부조의 측면 이 컸습니다.

반면 현대의 새로운 공동성에는 '불안'의 상호성이 깔려 있습 니다. 많은 정보와 다양한 사회적 가치관 속에서 서로 자신의 사고와 가치관을 세우지 못함으로써 불안이 커지고 있습니다. 그 결과 '집단 이루기'로 불안을 벗어나려는 무의식적인 경향이 강해지고, 그런 행동이 새로운 동조 압력을 낳는 것 같습니다. 이 문제와 관련해 미국의 사회학자 데이비드 리스먼 David Riesman 은 《고독한 군중 The Lonely Crowd》3)이라는 책에서 인간이 지닌 '사회적 성격'을 세 가지 유형으로 나누고, 그것을 통해 현대인의 특징 을 고찰했습니다. '전통 지향형', '내부 지향형', '타인 지향형' 이 바로 그것입니다.

전통 지향형은 근대 이전의 사회에서 지배적으로 나타난 사회 적 성격입니다. 자신의 주체적인 판단이나 양심이 아니라 '옛날 부터 해오던 방식'을 따르거나 '가장이 이렇게 말했으니까 이렇 게 한다'는 식으로 외면적인 권위나 체면이라는 의식에 따라 행 동의 기준을 정합니다.

---

3) 한국어판은 류근일 옮김, 동서문화사, 2016.

내부 지향형은 근대 형성기에 보이는 사회적 유형입니다. 자신의 내면에 마음의 나침반을 갖고 그 기준에 비추어 자신의 행동을 제어합니다. 그리고 리스먼은 현대인의 성격 유형을 '타인 지향형'이라고 불렀습니다. 타인 지향형은 글자 그대로 자신의 행동 기준을 타인 또는 타자와 동조하는 데 둡니다.

리스먼이 말하는 전통 지향형과 타인 지향형은 공동성에 비추어보면 각각 '마을공동체적 공동성'과 '새로운 공동성'에 대응합니다. 그리고 각각 성격을 규정하는 이질적인 동조 압력이 드러납니다.

'동조 압력', '새로운 공동성'이라는 말을 핵심어로 삼아 자신을 둘러싼 주변의 인간관계를 둘러보면 새삼스레 깨달을 수 있는 점이 있지 않을까요.

물론 그렇다고 '이봐, 이런 건 동조 압력이니까 좀 느슨하게 관계를 맺자고!', '맞아, 그럼 균형 있게 관계를 다시 맺어보자!' 하는 식으로 금방 변하지는 않겠지요. 그러나 언어는 타인과의 의사소통을 위한 수단인 동시에 자기 마음을 또렷하게 그려내는 중요한 기능도 갖고 있습니다. 답답한 마음을 언어로 표현하는 것만으로도 정신적인 중압감을 덜 수 있습니다.

동질성에서 공존성으로

동조 압력으로 서로의 에너지를 소모하는 일이 가급적 일어나지 않도록 친구를 사귀는 새로운 방법이 슬슬 필요해지는 시점인 듯합니다.

괴로워만 하지 말고, 동조 압력 또는 집단 따돌림의 피해자 - 가해자라는 관계에서 조금이라도 벗어나기 위한 발상이 필요합니다. 구체적인 방법은 각자의 상황에 맞추어 생각해야 하지만, 그 전에 발상의 기본이자 관계를 생각하는 원리를 살펴보고자 합니다.

제가 특히 강조하고 싶은 것은 바로 '동질성'에서 '공존성'으로 나아가기 위한 사고방식입니다.

사람(人)의 사이(間)라고 쓰고 '인간'이라고 읽을 정도로 인간은 공동적 본질을 갖고 있습니다. 그 본질이 현실의 인간관계에서

61

구체적으로 드러난 것이 과거의 마을공동체입니다. 그곳에서는 매우 긴밀한 유대감을 형성하고 무조건 '함께 있고, 한데 있는 것'을 무척 중요하게 여겼습니다.

'모두 똑같이'라는 것을 특히 중요시하는 감각과 사고방식을 여기에서는 동질성의 중시라고 부르겠습니다. 그리고 공동성이라는 인간적 본질이 동질성을 특히 강조해 현실화될 경우 '동질성 공동성'이라는 핵심어를 사용하겠습니다. 첫 번째 장에서도 이야기했듯 이것은 전통적인 마을공동체에서 바람직하다고 생각해온 인간관계입니다.

현대 사회에서는 인간의 공동성이 아주 추상적인, 즉 직접적이기보다는 간접적이고 매개적인 성질을 띠고 있습니다.

여러분은 별로 의식하지 못할지도 모르지만 '화폐(돈)'를 매개로 한 인간관계가 대표적입니다. 화폐가 사회 전체에 침투했다는 것이 인간의 공동성이 없어지고 모두 개체화되어버렸다는 뜻은 아닙니다. 눈에 보이지 않는 간접적인 형태로 인간의 공동적 본질이 세계적으로 확산되었다는 것입니다. 그것이 '세계화'가 지닌 의미입니다.

화폐는 공동성이라는 인간적 본질이 추상적인 형태로 구체화된 것이라고 이해할 수 있습니다. 이것은 '추상적 공동성'이라고 표현할 수 있습니다.

그도 그럴 것이 우리가 입고 있는 재킷은 이웃나라 중국의 이름 모를 누군가 재봉틀을 돌려 만든 것일지도 모르고, 방금 마신 커피콩은 지구 반대편 브라질에서 여러 사람의 손을 거쳐 이곳으로 들어온 것일지도 모릅니다.

개인의 경제적 자립은 화폐를 매개로써 세계적인 규모로 타자들의 활동에 의존하는 일과 동전의 양면을 이룹니다. 생활의 기반을 만드는 사람들의 '관계'가 직접적으로 눈에 보이는 사람들에 의한 직접적인 의존 관계에서 탈피해 화폐와 물자를 매개로 눈에 보이지 않는 많은 사람들에 의한 간접적인 의존 관계로 변질한 것입니다. 이것이 현대의 공동성이 실현되는 한쪽 면의 모습입니다.

눈에 보이지 않는 관계에 대한 허전함은 자연스럽게 가족관계, 친구관계 등 가까운 타자와의 관계에서 누릴 수 있는 친밀함이나 따뜻함을 순수하게 동경하게 만들고, 여유로운 시간과 사적인 관계와 활동을 더욱 중시하게 만듭니다.

그런데 이러한 현대 사회의 공동성이 지닌 이중성에 대응할 수 있는 인간관계에 대한 정신적인 자세는 아직 갖추어지지 않은 듯합니다.

화폐-경제적 네트워크를 배경으로 각 가정 또는 각 개인이 더 많은 활동의 자유와 다양성을 누릴 수 있게 되는데, '모두 함께'

라는 동질성의 요구가 강해지면 간단치 않은 일이 벌어집니다. 사람들은 한편으로 개성과 자유를 획득하고 각자의 능력과 욕망의 가능성을 추구할 수 있지만, 다른 한편으로 모두 똑같아야 한다는 동조 압력 때문에 분열되어버리는 것입니다.

이러한 인간관계의 왜곡을 파악하기 위한 핵심어가 앞서 지적한 현대의 새로운 공동성입니다. 분열 상태에 갇혀 있는 이상, 고민을 해결할 수 없습니다.

이와 대조적으로 '공존성'이란 '다른 것과 동시에 존재한다'는 뜻입니다.

근대 이후 현대 사회에 들어오면서 인간은 점점 더 마을공동체적 공동성이 지닌 직접적인 구속력에서 벗어나 도시적인 자유와 개성을 추구할 수 있게 되었습니다. 그때까지는 비록 개성을 갖추고 싶다는 생각이 있어도 사회적으로 실현할 장소와 기회를 얻지 못했던 사람들이 근대 이후에는 점차 자신이 좋아하는 행동과 욕망을 추구하기에 이르렀습니다.

상황이 이렇게 변하자 실제 가까운 사이라 해도 똑같아질 수 없었고, 자연스레 자기와 다른 사고방식이나 감각을 가진 사람들과 함께 지내는 시간이 많아졌습니다. 특히 학교와 직장처럼 좋든 싫든 타자와 함께 있어야 하는 현대의 조직적 집단 속에서 이러한 경험은 불가피했습니다.

한마디로 현대 사회에 들어와 '마음이 맞지 않는 사람'과 함께 시간과 공간을 나눠야만 하는 상황이 많아졌습니다. 따라서 '마음이 맞지 않는 사람과 함께 지내는 방법'을 진지하게 생각해야 한다고 봅니다. 이것이 '공존성'이라는 핵심어로 표현하고자 한 문제의식입니다.

현대의 다양한 인간관계가 지닌 문제를 해결하기 위한 방법으로 '공존성의 중시'에 집중해야 할 때입니다.

'누구와도 사이좋게 지내야 한다'는 환상

'공존성'을 살펴보기 위해 동질적 공동성의 인간관계는 어떠한 것인지 다시 확인해볼까요.

일본에서는 초등학교에 들어갈 무렵 다들 한번쯤 〈1학년이 되면〉이라는 노래를 듣거나 부르곤 합니다. "1학년이 되면 친구 100명을 사귈 수 있는 걸까"라는 가사가 나오는데, 이것은 꽤 강렬한 인상을 주는 메시지입니다. 초등학교 1학년이 되면 친구를 100명을 사귀고 싶다, 또는 친구 100명을 사귀는 것이 바람직하다는 내용이니까요. 무의식중에 부담을 느낀 사람도 많지 않을까 합니다.

학교의 이미지는 '다들 사이좋게 지내자'라고 하고, '언제나 마음을 모아 하나가 되는 곳'입니다. 이야말로 '환상'이라는 말을 쓰고 싶은 대목입니다. 학교는 〈1학년이 되면〉이라는 노래가 상징하듯 '친구 환상'을 강조하는 곳인 듯합니다. 그렇지만 우리는 이제 그러한 환상에서 해방되어야 한다고 생각합니다.

'누구나 친구가 될 수 있고 누구하고도 사이좋게 지낼 수 있다'는 전제를 바탕으로 한 학급이나 학교 운영 역시 재고해볼 필요가 있지 않을까요.

저는 현재 교육대학에서 학생들을 가르치고 있기 때문에 직업상 초등·중등학교 교장이나 교사와 이야기할 기회가 많습니다. 인격이 훌륭하고 리더십이 있는 교사, 교육 현장에서 힘을 발휘한다고 평가받는 교사조차도, 아니 오히려 그런 교사이기 때문일지도 모르겠지만, '아이들은 모두 착하기 때문에 교사가 보살피기만 하면 다들 사이좋게 지낼 수 있다'는 전제 위에서 교육에 임하는 듯합니다.

모든 학교가 '집단 따돌림'이 없는 학교를 지향합니다. 이 목표를 위한 계획을 물으면 하나같이 열정적으로 대답합니다. '모두 한마음이 되도록…', '인격 교육에 힘써 정서가 메마르지 않은 아이들로 키우도록…', '서로를 배려하며 마음이 통하는 학급을 만들도록…' 등등. 하지만 제가 좀 배배 꼬여서인지 몰라도 '그것은 이상에 불과할 뿐이잖아요? 지향하는 목표를 높게 잡는 것은 바람직할지 몰라도, 슬로건만 내세우면 도리어 아이들을 억압할 수도 있다'고 생각합니다.

"○○야, 혼자서 그러지 말고 이리로 오렴" 하는 말을 압력으로 느끼는 아이도 있습니다. 또한 다른 사람과 어울리지 못하는 점을 지나치게 걱정한 나머지 '난 틀려먹은 게 아닐까?' 하고 자책하는 아이도 적지 않습니다. 확실한 이유도 없이 '이 아이와는 도저히 어울릴 수 없어' 하는 반 친구도 있습니다.

어른이 되면 누구나 체험하는 일이면서 유달리 '아이들 세계는 어른과 달라. 아이들은 누구와도 사이좋게 지낼 수 있어' 하고 생각한다는 것은 불합리합니다. 이러한 견해는 아이들의 세계를 지나치게 투명하고 순진무구한 이미지로 덧씌운 결과가 아닐는지요.

학교 문화를 돌이켜보면 기존의 '동질적 공동성'이라는 측면에만 시선을 돌리는 편향이 있지 않았는지 의심스럽습니다.

상처를 주고받지 않으면서 함께 있는 것

옛날에는 '같은 반 아이들과 모두 사이좋게'라는 사고방식에 현실적인 근거가 있었습니다. 왜냐하면 대개 소학교, 즉 오늘날의 초등학교는 마을에 하나였기 때문입니다.

'자연촌'이라는 농촌 사회학의 개념이 있습니다. 행정촌과 대비되는 개념으로 무로마치室町 시대4) 부터 에도江戶 시대5) 에 이르는 동안 사람들이 자연스레 모여 이루어진 촌락을 말합니다. 그런데 메이지明治 시대6) 에 들어와 자연촌을 기반으로 소학교를 세우자 대대손손 얼굴을 마주하고 살아온 사람들의 아이들이 소학교에 모여 들었습니다. 부모들도 다 아는 사람일 뿐 아니라 경우에 따라서는 몇 세대 전부터 '저 집은 이렇고 이 집은 이렇다'는 식으로 훤히 압니다. '저 집에서는 이번에 둘째 아

4) 무로마치 시대 : 1338~1573. 아시카가(足利) 씨가 지배한 무가(武家) 정권 시대.
5) 에도 시대 : 1603~1867. 도쿠가와 이에야스가 막부를 개설한 때부터 15대 쇼군 요시노부가 정권을 조정에 반환한 때에 이르는 일본의 봉건시대.
6) 메이지 시대 : 1867~1912. 메이지 정부가 수립된 뒤부터 메이지 천황의 통치 기간.

들이 입학했다' 같은 사정도 속속들이 알 만큼, 학교가 설립된 지역에는 처음부터 친밀한 관계가 형성되어 있었던 것입니다. 그런 환경에서는 학교와 학급 운영을 둘러싼 이웃 네트워크가 오늘날과 크게 다를 수밖에 없습니다. 예전 같은 친밀한 이웃 관계가 있어야 비로소 '같은 반 아이들과 모두 사이좋게'라는 상태가 가능합니다.

물론 예전이라고 해서 같은 반 아이들이 전부 사이좋게 지내기는 어려웠을 것입니다. 하지만 오늘날과 비교하면 마을공동체의 공동생활을 중심으로 지역의 연대가 무척 강했습니다. 마을 전체가 품앗이를 통해 공동으로 모내기와 벼 베기에 나섰고, 누구 할 것 없이 도로 보수 공사와 공유림의 잡초 베기 등 공동 작업에 힘을 보탰습니다. 이렇듯 지역적 기반이라는 현실적 근거를 통해 학교의 공동성이 실현 가능했던 것입니다.

그러나 특히 1980년대 이후에는 도시뿐만 아니라 지방에서도 지역적 기반은 거의 사라졌습니다. 지역 전체가 단순히 우연한 계기로 그곳에 사는 사람들의 집합체가 되었습니다. 교사들은 여태까지도 태연하게 '학급은 운명공동체'라는 발상에 젖어 있기 십상이지만, 같은 지역에서 통학한다고 해도 아이들은 스스로를 단순한 우연적 관계의 집합으로밖에 느끼지 못하는 경우가 많습니다.

이런 상황에서 진정으로 '이 아이는 믿을 수 있어', '이 아이와 함께 있으면 즐거워' 하는 반 친구를 만났다면, 그것은 실로 행운이라고 생각합니다. 다시 말하지만 마음이 맞는 친구와의 만남은 당연한 일이 아니라 '대단한 행운'이라고 여겨야 할 것입니다.

당연하게도 그런 우연한 관계의 집합 안에서는 마음이 맞지 않는 사람, 자기가 좋아하지 않는 사람을 만날 수도 있습니다. 그때 그런 사람들과 '공존'할 수 있는 것이 중요합니다.

그러기 위해서는 '마음에 들지 않는 상대일지라도 서로 상처주지 않도록 시간과 공간을 공유할 수 있는 방법'을 익히는 수밖에 없습니다.

어른은 의식적으로 '상처를 주고받지 않고 함께 있는 것이 우선 중요하다'고 아이들에게 가르쳐야 합니다. 아이들에게 그 점을 교육하지 않으면 교사의 학급 운영은 힘들어질 따름입니다. '모두들 사이좋게'라는 이념도 확실히 필요할지 모르지만 '마음이 맞지 않는 사람과 공존하는' 방법을 가르치는 것이야말로 오늘날의 현실이 요구하는 새로운 교육일 것입니다.

맞지 않는 사람과는 멀어져도 된다

아이들에 대한 이와 같은 교육의 방향성은 가정에서도 필요합니다.

아이들이 집에서 "우리 반에 ○○라는 애가 있는데 엄청 짜증나" 하고 툴툴거렸다고 합시다. 그때 아이에게 "그 애한테도 좋은 점이 있을 거야. 상대방의 장점을 보고 네가 먼저 사이좋게 지내려고 노력하면 반드시 친해질 거야"라고 말한다면, 이 말은 얼핏 마음이 넓은 어른의 의견처럼 보입니다. 그런데 이 이상적인 말대로 친해지면 좋겠지만 현실적으로 그러한 전개는 어지간히 힘들지도 모릅니다. 이럴 때는 "만약 마음에 들지 않는 아이가 있으면 거리를 두고 부딪치지 않도록 하렴" 하고 말해주는 편이 좋다고 봅니다.

이것은 결코 '냉정함'이 아닙니다. 억지로 관계를 맺으려고 하다 보니 서로 상처를 입는 것입니다. 철학자 니체는 다음과 같이 말했습니다.

"사랑할 수 없을 때는 그냥 지나치시오."

굳이 가까이 접근해 부딪힐 위험은 피한다는 발상이 필요합니다.

니체는 '허무주의'라는 말로 유명하지만, 한편으로 '원망(ressentiment)'에 초점을 맞추어 사유를 전개한 철학자입니다. 원망(르상티망)이란 '한^恨, 반감, 질투' 같은 누구나 품을 수 있는 '부정적인 감정'을 말합니다.

누구나 일이 잘 되지 않거나 세상 사람에게 인정을 받지 못할 때 자기의 능력 부족을 반성하기보다는 종종 '이 세상이 틀려먹었다'고 생각하거나 성공한 사람들을 시기합니다. 그런 감정을 자각하고 '어떻게 덤덤하게 넘겨버릴까?'를 생각하는 것이 중요합니다. '늘 원망에 사로잡히는 것이 인간의 다반사인데 어떻게 그것을 극복할 수 있을까?' 니체는 이 문제에 실마리를 주는 철학자입니다.

다시 한 번 강조하자면 '넘겨버린다'는 발상이 매우 중요합니다.

누구나 원망을 품을 때가 있다

자기가 못하는 일을 거뜬히 해치우는 사람, 자기보다 잘생기거나 남에게 사랑받는 사람. 이런 사람을 보면 속이 시끄러워지면서 마음을 잡지 못할 때가 다들 한 번씩 있을 겁니다.

사람이 살아가는 동안 원망에 빠질 것 같은 순간은 얼마든지 있습니다. 인간의 삶에 필요한 부정적 감정인 원망에는 인간의 본질적인 무언가가 있습니다. 원망은 누구에게나 일어날 수 있는 감정입니다. 그러나 원망에 지나치게 사로잡히거나 계속 사로잡혀 있으면 결국에는 자기 자신의 '삶'에서 가능성을 박탈해버릴 염려가 있습니다. 그래서 원망에 계속 사로잡히지 않는 일이 중요합니다.

실연을 당했을 때 당최 우울한 기분을 떨치지 못하고 계속 집착하면 스토커가 되어버립니다. 좋아하는 타자에게 자신의 진심

74

을 부정당하면 누구나 실의에 빠질 뿐 아니라 원망하는 마음을 품을지 모릅니다. 그러나 어떻게 해서든 그 상태에서 빠져나오지 못하면 그 이후의 인생은 꼬일 대로 꼬여버립니다.

최근에는 성적이 우수하거나 용모가 뛰어나 눈에 띄는 학생이 집단 따돌림의 표적이 되는 일이 늘었다고 합니다. 남이 지닌 '탁월한 자질'을 보고 나서 스스로에게는 그처럼 뛰어난 무언가가 없다고 느낀 대다수 아이들이 원망을 느낀 결과가 따돌림 현상으로 나타난다고 볼 수 있습니다.

자신이 원망의 감정에 갇혀 있을 때는 '나는 나, 남은 남'이라는 선을 긋는 사고방식이 도움이 됩니다. '나와는 관계없잖아' 하고 자신을 떼어놓는 것이지요. '관계를 맺자'고 달려드니 이야기가 헝클어지는 겁니다.

'우리 반은 하나, 모두 함께'라는 환상이 지나치게 강하면, 조금이라도 달라 보이는 아이는 원망의 표적이 될 수 있습니다. 물론 운동회나 축제 같은 학교 행사가 있을 때 하나의 목적을 위해 한정된 기간 동안 단결해 열심히 활동하는 것은 매우 바람직합니다. 하지만 평소에는 교사와 어른들이 '학교 공간에서는 지나치게 친밀한 관계를 바라지 않는' 태도를 견지하는 것이 중요합니다.

적절한 거리는 사람에 따라 다르다

'친밀한 관계로부터 일부러 거리를 두는 것', 즉 거리 감각은 매우 중요합니다. 그러면 사람과 사람 사이의 거리를 어떤 식으로 파악하면 좋을까요?

사이좋게 잘 지내는 관계는 거리 감각이 서로 일치하기 때문에 딱 알맞은 관계인 것입니다. 어딘가 삐걱거릴 때는 거리 감각이 서로 어긋나거나 방향이 다를 때입니다.

한 여학생과 그가 고등학교 때 사귀던 남자 친구의 예를 들어 보겠습니다. 물론 여학생은 남자 친구로 여긴 그와 적당한 거리를 두고 있다고 생각했습니다. 그런데 어느 날 갑자기 남자 친구는 여학생에게 "우리 관계는 미적지근해서 사귄다는 기분이 안 들어"라는 말과 함께 이별을 통보했습니다. 엄청난 충격을 받은 그는 그때야 비로소 '나는 다른 사람에 비해 사람과 거리

를 두어야 편안하게 느끼는 성격이구나…' 하고 깨달았다고 합
니다. 자신의 성격이 상대적으로 상대에게 거리를 더 두는 편이
라는 것을 좀 더 일찍 분석했더라면, 갑작스런 이별 통보를 받
지 않았을지 모릅니다.

이번에는 제 이야기를 예로 들어 보겠습니다. 저는 대학에서
학생 몇 명과 함께 세미나를 진행하고 있습니다. 졸업논문을
쓸 때는 학생 개개인에 따라 적절한 거리감을 갖고 논문을 지
도합니다.

강의 형식으로 진행하는 통상적인 수업은 일방통행에 가깝기
때문에 선생과 학생의 거리가 일정합니다. 말하자면 중학교나
고등학교 수업의 연장이나 마찬가지입니다. 그러나 세미나에
서 지도할 때는 개별적인 대응이 필요합니다. 대학에 따라 좀
다를지도 모르지만, 제가 있는 대학은 비교적 선생과 학생의 거
리가 가까운 편입니다. 세미나 시간에도 만나고, 그 밖의 시간
에도 상담을 하고, 졸업논문도 함께 완성해갑니다. 따라서 개
별 학생에게 어느 정도의 거리 감각을 설정해야 하는가는 교수
가 배려해야 할 중요한 일입니다. 물론 학년에 따라서도 거리
감각은 달라집니다.

예컨대 연구실로 얼마나 자주 오라고 하는 것이 적당한지 하는
문제도 중요합니다. 졸업논문을 쓰는 동안에는 스트레스를 받

거나 논문 주제 때문에 생각이 막히기도 하고 혼란을 겪기도 합니다. 그러므로 어느 시점에, 어떤 느낌으로 도움말을 들려주어야 가장 효과적인지는 사람에 따라 다릅니다.

아무튼 지도교수의 역할은 세미나에 참여하는 학생들에게 각자의 능력에 맞는 논문을 쓰도록 이끄는 것이 가장 중요합니다. 학생들의 동기 부여가 약해지거나 고민에 빠져 제자리걸음을 하지 않도록 정신적인 건강까지 챙겨야 합니다. 당연히 학생들을 일괄적으로 똑같은 방식으로 대해서는 안 됩니다.

자기 나름대로 능력을 발휘할 수 있도록 학생들을 잘 지도하고 격려해서 "논문을 쓰는 일은 괴롭지만 즐겁기도 해요" 또는 "선생님, 이 주제로 논문을 쓸 수 있을 것 같습니다" 같은 말을 듣고 싶습니다. 그래야 저도 보람을 느끼면서 뿌듯한 마음으로 "그래? 열심히 해보렴" 하고 말할 수 있습니다.

이런 관계로 나아가기 위한 관계의 거리는 사람마다 미묘하게 다른 법입니다.

그렇게 생각하면 '아아, 역시 같은 세미나에 참여하는 선생과 학생이라도 각자가 원하는 이상적인 관계의 정도는 모두 다르구나. 사람이란 다 똑같지는 않은 법이구나' 하는 것을 잘 알 수 있습니다.

LESSON 04

사이가 좋든 나쁘든 평화롭게 공존하는 법

'규칙 관계'와 '정서 공유 관계'

지금까지 살펴본 내용들을 통해 '타자'와 '거리 감각'에 대해서는 생각이 좀 정리되지 않았을까 합니다. 이제 다음 주제로 나아가기 위해 실천적인 핵심어를 제시해보겠습니다. 그것은 바로 '규칙 관계'와 '정서 공유 관계'입니다.

얼굴을 맞댄 상황, 조직, 집단 같은 여러 단위의 인간관계를 규칙 관계와 정서 공유 관계로 나누어 살펴보면, 서로 얼마나 거리를 두어야 적절한지 생각하기 쉬워집니다.

'규칙 관계'란 타자와 공존할 때 서로 지켜야 하는 최소한의 규칙을 기본으로 성립하는 관계입니다. 오늘날 학교와 학급은 규칙 관계를 기본으로 생각해야 하는 곳이 되었습니다.

아까 언급한 바와 같이 공동체적인 유대가 강할 때 '친구 100명을 사귈 수 있어' 하는 관계가 전제로 삼는 것이 바로 '정서 공

유 관계'입니다. 같은 정서를 느끼고, 비슷한 생각과 감각으로
다 함께 노력하자는 것입니다.

지금까지 이것이 학급과 학교를 운영하는 핵심적 사고방식이었
습니다. '우리는 똑같이 생각하고, 똑같은 가치관을 공유하고,
똑같은 일로 울거나 웃을 수 있을 만큼 끈끈하게 이어져 있는
일심동체야' 같은 생각입니다.

그러나 현대의 학교는 정서 공유 관계에만 의존할 수 없습니다.
'규칙 관계'를 제대로 확립하고 서로 지켜야 할 범위를 정해야
합니다. 현실 사회와 마찬가지로 학교에서도 '이런 일을 해서는
안 돼' 하는 규칙을 공유함으로써 관계를 성립시켜야 합니다.

집단 따돌림이라는 행위는 인간관계의 기본에 비추어볼 때 명
확하게 규칙 위반입니다. 따라서 규칙을 위반해서는 안 된다는
것을 철저하게 주지시켜야 합니다. 다시 말해 교사는 규칙 관계
를 바탕으로 옳고 그름을 판단해야 합니다. '모두들 사이좋게'
라는 정서 공유 관계만 내세운다고 해서 문제가 풀리는 것은 아
닙니다. 집단 따돌림을 당하는 사람은 혼자서 괴로워하지 말고
누군가의 도움을 구해야 합니다. 만약 담임교사가 믿음직스럽
지 못하다 해도, 규칙을 기준으로 시비를 가리고 자기를 이해해
줄 어른이 반드시 있을 테니까 절망하지 마십시오.

규칙 관계의 토대를 쌓는 동시에 정서 공유 관계도 맺을 수 있는

경우가 가장 이상적입니다. 거꾸로 말하면 학교는 더 이상 정서 공유 관계를 간단하게 실현할 수 있는 곳이 아닙니다.

이것은 결코 비관적으로 뒷걸음치는 견해가 아닙니다. 오히려 그 반대입니다. 세 번째 장에서 기술한 것처럼 '모두 사이좋게 지내야 한다'라는 공동성을 강제하는 사고방식은 정서 공유 관계만 전제로 삼은 생각에서 비롯됩니다. 실제로 자기와 성격이 맞지 않는 사람들이 엄연히 있는데도 '다 함께 사이좋게 지내야 한다'라는 지나친 믿음 때문에 고통받는 것입니다. '규칙 관계'를 전제로 생각하면 사이가 좋든 나쁘든 일단은 서로 평화롭게 공존할 수 있습니다. 이런 방향으로 발상을 전환해가야 합니다.

어른이 되기 위해 해내야 할 과제

이를테면 직장에서 정서 공유 관계만을 맺으려고 해서는 안 된다는 점은 명백합니다. 직장은 성과를 내기 위한 목적 집단입니다. 직장에는 조직마다 규칙이 있고, 규칙에 따라 의사소통이 이루어집니다. 반대로 규칙만 공유하는 관계는 삭막할 뿐 아니라 업무 효율에 미치는 영향도 긍정적이지 않습니다. 정서 공유의 강도가 높아야 조직으로서도 생기가 됩니다. 기본적으로 규칙 공유 관계가 성립하지 않은 상태에서 정서 공유의 측면만 추구하는 것도 바람직하지 못합니다.

이 두 가지는 겹치는 면도 있지만 원리적으로는 구별해서 생각해야 합니다. 이것을 잡탕처럼 섞어서 생각하면 혼란스러워집니다.

아무리 마음이 맞는 부하와 상사라도 어느 정도는 거리를 두고 상사로서 또 부하로서 관계를 맺어야 하고, 그것을 바탕으로 함께 일을 해야 합니다.

'저 사람은 마음에 들지 않으니까 일을 시키지 말아야지', '저 사람과 같은 부서에 있기 싫어' 하는 상태로는 제대로 일을 할 수 없습니다. 정서 공유 관계는 긍정적인 측면뿐 아니라 부정적인 감정도 내포하고 있으니까요.

규칙 관계와 정서 공유 관계를 구별해 생각하고, 경우에 맞게 분별할 수 있는 태도, 이것이 '어른이 되기' 위해 해내야 할 가장 중요한 하나의 과제라고 생각합니다.

고등학생 무렵부터 조금씩 이 두 가지의 차이를 의식하기 시작하고, 스무 살이 지나면서부터 상황에 따라 '지금 여기에서는 어느 쪽 관계를 더 우선시해야 할까?'를 판단할 수 있다면, 어른에 가깝다고 볼 수 있지 않을까요.

규칙은 자유를 위해 존재하는 것

"규칙은 중요하다"라는 말을 하면 반드시 어느 쪽으로인가 해석이 기울어집니다. '윤리적으로 제어하려 한다', '규범적 가치관을 공유시킨다' 등 '관리의 강화'를 이야기하는 방향인 것처럼 오해받습니다. 규범의식을 높인다는 표현으로 바꾸어 말하면, 마치 도덕적으로 예의 바른 착한 아이로 기르자는 주장으로 이해하는 경우도 있습니다.

규칙을 소중하게 여긴다는 발상은 규칙을 늘리거나 자유의 폭을 제한하는 방향을 연상시키기 쉽지만, 제가 하려는 말은 그런 것이 아닙니다. 오히려 정반대입니다.

규칙이란 될수록 많은 사람에게, 될수록 많은 자유를 보장하기 위해 필요한 것입니다. 가능하면 많은 사람이 최대한의 자유를 얻기 위해 마련한 것이 규칙입니다. 규칙이란 '이것만 지키면 나머지는 자유'라고 말할 수 있을 정도로 '자유'와 쌍을 이루고 있습니다.

뒤집어 말하면 자유는 규칙이 없으면 성립하지 않습니다.

'무엇이든 마음 내키는 대로 해도 좋다'는 것이 자유라면 이 세상은 엉망진창이 되어버립니다. 인간은 대체로 자신의 이익을 최우선으로 여기는 경향이 있습니다. '자신의 이익만 생각하는 힘센 사람'이 자유를 누린다면, 다수의 인간으로 이루어진 사회는 자유를 잃어버릴 것입니다. 한 사람만 자유롭고 나머지 사람들은 모두 부자유스러울 것입니다. 규칙의 공유성이 있기 때문에 자유는 성립합니다.

홉스의 '사회 계약론'을 떠올려봅시다. 인간이 살아가는 일의 본질은 자유이자 욕망의 실현입니다. 규칙은 각각의 사람들이 욕망을 실현하기 위해 필요로 하는 최소한의 도구입니다.

욕망은 100퍼센트 실현할 수 없을지도 모릅니다. 그러니 10퍼센트, 20퍼센트 정도 자신의 자유를 억제하고 대등한 입장에서 규칙을 지켜야만 사회 구성원 전체가 자유를 실현할 수 있습니다. 그럼으로써 나머지 욕망은 거의 보장받습니다.

규칙의 본질이 그런 것임을 이해하기는 꽤 어렵습니다. 예컨대 교통 규칙을 봅시다. 아무리 서둘러야 할 때에도 빨간 신호등 앞에서는 반드시 정지해야 합니다. 표면적으로는 '빨리 목적지에

도착하고 싶다'는 욕망이 제한당하는 것처럼 보이지만, 욕망을 어느 정도 억제함으로써 누구나 안전하고 확실하게 사고를 당하지 않고 훨씬 빨리 목적지에 도착할 수 있습니다.

그리고 '질서'는 최소한의 규칙을 서로 지키는 가운데 결과적으로 확립됩니다. 질서 정연함 자체를 목적으로 삼으면 사람들은 더 많은 자유를 억제해야 하고 더욱 부자유스럽게 살아가야 합니다.

누군가를 괴롭히면 나도 괴로힘을 당할 수 있다

사회의 규칙 중 가장 중요한 것은 사회마다 미묘하게 다를지도 모릅니다. 그렇지만 어느 사회나 공통적으로 중요하게 여기는 규칙이 있습니다. 그것은 바로 '훔치지 말라, 죽이지 말라'는 원칙입니다. 이것은 사회 구성원 각각의 생명과 재산을 서로 존중하기 위한 규칙입니다.

왜 그럴까요? 만약 자기 기분에 따라 멋대로 사람을 죽여도 된다면 자기도 언제 죽임을 당할지 모릅니다. 따라서 '죽이지 말라'는 규칙은 결국 자신이 안전하게 살아가기 위한, 즉 생명의 자기 보존을 위한 규칙입니다. 세상을 위한 규칙, 남을 위한 규칙이 아닌 것입니다.

'훔치지 말라'는 규칙도 마찬가지입니다. 남의 것을 훔쳐도 되는 사회에서는 자신의 소유물과 재산 역시 언제 도둑맞을지 모릅니다. '죽이지 말라'를 지키지 않는 상황과 마찬가지로 매우 불안정한 상황이 될 것입니다. 그러므로 사회 구성원이 최소한 지켜야 할 '훔치지 말라, 죽이지 말라'는 규칙은 '어지간한 일이 없는 한 함부로 위해를 가하지 말고, 서로를 위해 사적인 영역이나 재산은 존중하자'는 계약입니다.

이러한 관점으로 집단 따돌림 문제를 다시 생각해보면, 누군가를 따돌리고 괴롭힌다는 것은 언젠가 자신이 따돌림을 당할지도 모른다는 위험한 상황을 스스로 조성하는 것이나 진배없습니다. 집단 따돌림의 가해자와 피해자로 나뉘는 것은 단지 그때그때 힘의 관계에 달렸을 뿐, 언제 역전될지 알 수 없습니다. 무의미하게 타인을 정신적, 신체적으로 해치지 않는 것은 자기 몸을 지키는 일, 자기 자신이 안심하고 살아갈 수 있는 일과 직결됩니다.

단순히 '집단 따돌림은 나쁜 짓이고 비겁한 짓이야', '다 같이 사이좋게'라는 규범의식만으로 집단 따돌림은 없어지지 않습니다. '자기 몸의 안전을 지키기 위해 타자의 몸도 안전하게 지키자'는 실리주의적인 사고방식을 어느 정도 학교에 도입해야 한다고 생각합니다.

인류의 역사를 보더라도 '자연 상태'에서는 물리적인 힘을 갖춘 쪽이 '죽이고 훔치는' 법입니다. 그런 상태가 오래 지속되면 세상이 안정을 잃고 혼란스러워지기 때문에 옛날부터 현자들은 어떻게 하면 좋을지 생각해왔습니다. 그래서 나온 결론이 바로 이런 해답입니다.

"남을 죽이지 않고 남의 것을 훔치지 않는다는 규칙은 남에게 죽임을 당하지 않고 내 것을 도둑질당하지 않는 것을 보장하기 위해 필요하다."

안타깝게도 '죽이고 훔치는 것은 인간이 할 짓이 못 된다'는 결론이 아니었습니다.

아무래도 싫은 사람과 공존하는 법

애초에 반 전체가 사이좋게 지낼 수 있다든가 모두 마음이 맞는 친구가 될 수 있다는 것은 현실적으로 불가능에 가깝습니다. 인간이기 때문에 아무래도 마음에 들지 않는 사람, 주는 것 없이 미운 사람이 있는 법입니다.

어른도 대부분은 인간관계로 인한 고민을 끌어안고 있습니다. 그때 화가 난다고 상대를 공격하면 점점 더 스트레스가 심한 환경이 조성되고, 자신에게 돌아올 위험도 커집니다.

그러므로 세 번째 장에서 강조한 '공존성'이라는 사고방식이 매우 중요합니다. 화가 나서 혈압이 올라간다 싶으면 서로의 존재를 보지 않도록 한다든가, 같은 공간에 있더라도 서로 거리를 두도록 노력하는 수밖에 없습니다.

단, 노골적으로 무시하는 태도를 드러내는 것도 공격과 같은 의미를 띤다는 점은 주의해야 합니다. 아침에 복도나 교실에서 눈이 마주치거나 하면 최소한 인사는 해둡시다. 어디까지나 자연스럽게 '거리를 두려는' 의도로 말입니다.

요컨대 '친한 사이인가, 아니면 적의를 품은 사이인가'라는 양자택일이 아니라 태도 유보라는 중도 노선을 선택한다는 것입니다.

열대지역 사바나의 샘물 근처에서 온갖 동물이 서로 무관심한 모습으로 평화롭게 공간을 공유하는 것을 텔레비전 등에서 본 적이 있을 것입니다. 홍학이나 얼룩말이 '오불관언吾不關焉'의 느낌으로 어울려 물을 마십니다. 그런 광경을 떠올리면 '공존성'의 이미지가 쉽게 다가올 것 같습니다.

규칙은 최소한으로 존재해야

타자와의 공존이 가능하다

규칙에 대해 조금 더 설명해보겠습니다. 무엇이든 규칙을 외치며 칭칭 얽어매는 것도 효과적이지 않습니다.

규칙을 정할 때는 아무리 해도 최소한 이것만큼은 꼭 필요하다는 것만 추려내야 합니다. 즉 '규칙의 최소성'을 끊임없이 의식하는 것이 중요합니다.

문과 계열의 동아리 멤버인 한 학생이 있었습니다. 그는 "오늘도 동아리 모임이 있지 뭡니까, 글쎄…" 하며 진절머리가 난다는 표정을 지었습니다. 동아리의 회칙을 논의하는 일이 결론 단계에 들어선 듯했습니다.

대학 동아리는 역사가 길어질수록 규칙이 점점 늘어나는 듯합니다. 그 학생의 동아리도 규칙이 지나치게 불어나 속박이 심해진 것 같았습니다. '옛날 선배들은 이렇게 했다'는 사례에 얽매여 있기 때문에 '서로 논의하는 것만으로도 피곤하다'고 했습니다. 어떤 식으로 논의하고 있느냐고 물었더니 이렇게 대답했습니다.

"선배들이 물려준 규칙을 어떻게 지킬 것인가? 최근에 들어 기강이 해이해진 것이 아닌가? 대체로 이런 분위기에서 논의하고 있습니다."

이 말을 듣고 저는 이렇게 충고했습니다.

"규칙이란 어떻게 하면 최소한으로 집약해낼 수 있을까라는 관점에서 논의해야 해. 지금까지 쌓아온 규칙 중 이것은 중요하고 이것은 필요하지 않다는 식으로 갈라내는 논의여야 하지 않을까?"

그러자 그 학생은 "아, 그런가요?" 하고 고개를 끄덕였습니다. 의식하지 못한 채 전통이 행동의 규범이 되어버리기 마련입니다. 이른바 전례前例입니다. "이 일은 전례에 따르면…"이라는 말은 구청의 어르신들이 할 법한 말이지만, 의외로 젊은이들도 다르지 않습니다. '전례가 이러하니까 이렇게 하자, 옛날부터 선배들이 이렇게 해왔으니까 이렇게 하자'는 식으로 흘러갑니다. 무슨 일을 해도 재미가 없는 경우는 대개 전례에 얽매이기 때문입니다.

이럴 때 규칙의 최소성을 추구해야 합니다. 다시 말해 '무엇이 중요한 규칙인가? 이것만큼은 꼭 필요하다고 생각되는 규칙은 무엇인가?'라는 시각에서 규칙을 선택하고, 모든 구성원이 그것을 반드시 지켜야 합니다. 나머지는 경직화를 피해 될수록 폭넓고 융통성 있게 정해야 합니다. 그렇게 해야 규칙 공유 관계를 더욱 효과적으로 구축할 수 있습니다.

또한 사람마다 규칙에 대한 감각이 다르다는 점도 이해해야 합니다. 규칙을 지키는 것에 저항감이 없는 사람, 나아가 규칙을 지키는 것 자체에 기쁨을 느끼는 사람이 있는가 하면, 규칙에 얽매이는 것을 매우 싫어하는 사람도 있습니다. 별 의미 없이 규칙을 늘려나가면 집단이나 조직 전체의 동기 부여가 저하되고 탈락자가 늘어납니다. 그러다 보면 중요한 규칙조차 지키지 않는 상태에 이릅니다. 따라서 규칙을 정하는 입장에 놓인 사람은 유연한 균형감이 필요합니다.

LESSON 05

훌륭한 선생님이 될 필요는 없다

교사는 학생에게 스쳐 지나가는 존재일 뿐

이번 장에서는 대등한 친구 관계보다는 교사와 학생이라는 비대
칭적인 상하 관계에 초점을 맞추려고 합니다. 독자 중에는 '앞으
로 학교에 부임해 이상적인 교사가 되고 싶다'고 생각하는 사람
도 있을지 모릅니다. 또한 앞으로 자식을 낳으면 보호자의 입장
에서 교사를 만나야 할 사람도 많을 것입니다.

저는 장래에 교사가 될 학생들에게 "반드시 학생의 기억에 남을
훌륭한 선생님이 되려고 할 필요는 없다"라고 말합니다.

학생 중에는 "훌륭한 은사님을 만난 덕분에 교사의 길을 선택
했다"고 말하는 사람이 꽤 있습니다. 그래서 자기도 그런 선생
님이 되고 싶다고 합니다.

잊히지 않는 훌륭한 선생님을 만났다는 것은 분명히 행운입니
다. 그렇지만 학생들의 이야기를 찬찬히 들어보면 유감스럽게

도 잊히지 않을 만큼 성질이 더러운 선생님을 만난 사람이 수적으로는 더 많습니다.

그러면 저는 왜 찬물을 끼얹으려는 듯, "반드시 학생의 기억에 남을 훌륭한 선생님이 되려고 할 필요는 없다"는 말을 들려주려고 할까요?

제 생각에 교사가 학생의 기억에 남으려고 노력할수록 지나치게 정신적으로 관여하거나 자신의 신념을 강요할 우려가 있습니다. 따라서 학생의 마음에 남으려고 굳이 무리하게 애쓸 필요는 없습니다. 그런 경우는 어디까지나 행운의 결과쯤으로 생각해야 합니다.

교사는 일반적으로 학생들에게 스쳐 지나가는 존재로 여겨지는 것이 딱 좋다고 생각합니다. 자기가 담당했던 많은 학생 중에 운이 좋게도 '아, 이 선생님을 만난 것은 행운이었어' 하고 기억에 남았다면, 만루 홈런처럼 더 이상 바랄 것 없는 행복으로 여기면 그만입니다.

그런데 사회적 분위기도, 부모형제도, 세상 사람도 다들 모든 교사에게 고매한 인격과 자질을 요구하는 듯합니다. 그래서는 곤란하다고 말해두려는 것입니다. 마치 모든 교사가 설리번 선생 같은 교사가 되어야 하는 듯이 이야기하는 것은 올바르지 않습니다. 학원 드라마에 나오는 선생님처럼 되려고 한다면 학생의 내면을 제멋대로 주물러야 하니 이는 대단히 위험하다는 말입니다. 저는 학생들에게 이 점을 똑똑하게 전해주고 싶습니다. 최소한 '저런 선생은 되고 싶지 않다'는 부정적인 유형으로 기억에 남는 교사, 학생의 의식에 평생 지워지지 않을 만큼 혐오스런 기억을 남기는 교사가 되지 않는 것이 본질적으로 중요합니다.

'이야기하면 이해해줄 것'이라는 생각도 환상

오늘날 학교에 다니는 아이들의 다양한 문제는 이른바 성선설만으로 해결하기 어렵다고 생각합니다. 즉 '모두 착한 아이들'이라는 것만으로 문제를 풀 수 없습니다.

어떤 아이라도 진지하게 대해주면 마음을 연다고 하는데, 그것은 지극히 운이 좋은 경우입니다. 이것 역시 만루 홈런을 노리는 발상에 불과합니다. 언제나 홈런을 칠 수는 없는 노릇입니다. 교사는 땅볼이라도 안타를 여러 개 치는 것을 지향해야 합니다. 서로 이해할 수 없다고 여겨질 때는 거리를 두면 됩니다. 교사에게는 기본적으로 학생에게 이해받지 못해도 괜찮다는 각오가 필요합니다. 또한 교사가 참으로 해야 할 일은 학생들에게 자신의 뜨거운 열정이나 교육 방침을 주입하는 것이 아닙니다. 자기가 맡은 학급이 하나의 사회로서 최소한의 규칙을 지킬 수 있도록 학생들을 지도하는 것입니다.

이를테면 집단 따돌림으로 자살한 아이가 있는 학교를 우리는 어떤 곳으로 해석할 수 있을까요? 그것은 생명의 안전을 보장받지 못하는 곳으로 아이가 매일 등교해야 했다는 뜻입니다. 마치 아이에게 이라크의 전쟁터로 가라고 등을 떠민 것과 다를 바 없습니다. 원통하고 기가 막힐 노릇입니다.

생명의 불안을 느끼면서도 아이가 매일 학교에 다니는 일이 사회적으로 있어서는 안 됩니다. 그런 일이 일어나지 않도록 교사는 무엇보다 먼저 학교라는 공간에서 최소한의 규칙을 유지하고 관리해야 합니다. 아무리 학교가 재미없는 곳이라 해도 그곳에서는 적어도 위해를 당하지 않는다는 보장이 당연히 있어야 합니다. 그 보장은 교사가 책임져야 할 최소한의 역할입니다.

그런 의미에서 생명을 위협받는 상태, 이른바 집단 따돌림이라는 말로는 차마 표현할 수 없는 심적, 육체적 폭력이나 상해 사건이 학교 및 학급에서 일어나는 것은 단연코 저지해야 합니다. 최소한의 공존이 이루어지도록 규칙성을 담보하는 것이 교사의 임무입니다. 그 임무를 다하고 나서 학생들에게 존경과 경애를 받을 수 있다면, 그것은 횡재이고 행운입니다.

학교는 개성이 아닌
최소한의 사회적 규칙을 배우는 곳

학교는 개성 있는 아이를 길러내는 곳이 아닙니다. 평범한 사회
인이 되기 위한 기초 능력을 기르는 곳입니다.

개성적인 인간, 특히 나중에 '천재'라고 일컬어지며 걸출한 능
력을 발휘하는 사람은 의식적으로 비범해지고자 해서 그렇게
된 것이 아닙니다. 있는 힘을 다해 평범해지려고 해도 어쩔 수
없이 역량이 흘러넘치기 때문에 개성적인 인간인 것입니다. 그
러므로 학교가 '노벨상을 받는 인재로 키우자'는 목표를 표방하
는 것은 번지수를 잘못 찾았다는 생각이 듭니다.

개성적인 아이는 스스로 튀기 위해 행동하려는 생각이 없습니
다. 본인은 평범하게 행동하려고 하는데 평범해지기는커녕 남
다른 재능이나 선천적인 능력이 흘러나옵니다. 오히려 자신의
개성을 콤플렉스로 여기기 쉬운 경우도 있습니다. 게다가 진정

한 개성은 파악하려고 해도 단순하게 파악할 수 없는 법입니다. 2차 세계대전 이전의 획일화된 교육을 통해서도 천재는 수없이 나왔습니다.

만약 개성적이고 천재성을 지닌 아이가 있다면, '이 아이는 특수한 재능을 갖고 있구나' 하고 꿰뚫어보는 역량이 교사에게는 필요합니다. 그렇지만 천재를 발굴해 천재로 키우자는 이야기는 좀 다릅니다. 오히려 교사가 할 일은 개성적인 천재가 최소한 사회적 생활을 영위할 수 있도록 보살피는 것입니다.

천재는 종종 보통 사람과 다르기 때문에 사회적으로 개성을 인정받지 못하는 경우가 있습니다. 그 아이가 잠재적으로 갖고 있는 능력이 훼손되지 않도록 사회생활을 위한 최소한의 규칙을 가르치거나 도움을 주는 것이 교사의 임무입니다.

기본적으로 교사는 아이의 내면까지 관여하려고 할 필요가 없습니다. 교사는 학생의 모든 것에 관여하지 않아도 됩니다. 나아가 때로 관여해서는 안 되는 부분도 있습니다.

교사이기 때문에 학생의 인격에 영향을 미쳐야 한다고 생각하기 쉽습니다. 하지만 그렇게 적극적으로 생각하지 않더라도 교사라는 존재 자체가 학생의 내면에 상당한 영향을 미칩니다. 학생에게 가장 커다란 영향력을 지닌 '교육 환경'이 교사라는 존재입니다.

어떤 선생님께 배웠기 때문에 이 과목이 좋아졌다 혹은 싫어졌다는 일은 흔합니다. 교사가 학생과 접촉하고 있는 이상 무색무취한 존재일 수는 없습니다. 그러나 뒤집어 말하면 학생의 인격 형성까지 교사가 책임지는 일은 불가능합니다. 담임을 맡는다고 해도 기껏해야 1년 내지 2년뿐이니까요. 학생의 평생 담임이 될 수는 없습니다.

다시 말해 교사는 자신이 끼칠 수밖에 없는 영향력의 크기와 자신의 영향력이 지닌 책임의 한계를 똑바로 인식하는 차분하고 이성적인 자세를 유지해야 합니다.

인생의 쓴맛을 맛볼 수밖에 없는
어른의 세계

가족을 파악하는 두 가지 핵심어

이제까지 학교나 일반 사회에 대한 이야기를 했습니다. 그런데 젊은이들이 성장해 어른이 된다고 생각하면, 삶의 중심축으로서 가정을 떠올리지 않을 수 없습니다. 가정과 가족 관계를 둘러싼 문제는 굉장히 중요합니다.

가족의 '유대'를 다시 생각해보는 일도 '친밀함'이나 '친밀성'의 본질을 고찰하는 데 꼭 필요합니다. 따라서 이번 장에서는 가족의 문제를 생각해보려 합니다.

사회학에서는 가정을 '단위 가족'과 '생식 가족'으로 나누어 파악합니다.

'단위 가족'이란 family of orientation을 번역한 말입니다. orientation, 즉 인간으로서 '방향 결정'이 이루어지는 가족을 말합니다. 평이하게 말하면 자신이 태어난 가족을 의미합니다.

'생식 가족'의 원어는 family of procreation입니다. procreation은 출산, 생식이라는 뜻입니다. 즉 새로이 결혼해서 자식을 낳아 기르는 가족을 말합니다.

한마디로 인간은 태어나서 결혼하면 두 종류의 가족을 경험하는 셈입니다. 하나는 부모의 자식으로 태어나 버릇을 들이고 교육을 받는 '단위 가족'이고, 또 하나는 자신이 선택적으로 꾸려가는 '생식 가족'입니다.

자신이 태어나 지금까지 가족(단위 가족)과 맺어온 관계는 유년기, 사춘기, 청년기에 걸쳐 조금씩 변해갑니다. 이 점에 대해 다시 생각해보기 바랍니다. 관계가 변화해가기 때문에 그때마다 현재의 관계를 다시 파악하지 않으면 왜곡과 굴절이 나타납니다.

부모는 물론 아이의 변화에 주의를 기울일 필요가 있습니다. 양쪽 다 양호한 관계를 유지하기 위해서는 서로 관계의 변화를 다시 살펴보고, 현재 가장 알맞은 관계로 맞추어갈 필요가 있습니다. 그때 생각해야 할 핵심어가 첫 번째 장에서 말한 '타자' 또는 '타자성'입니다.

'타자=자기 이외의 모든 인간'이라는 규정이 두 번째 장에서 제시한 타자의 본질적 성격이었습니다. 그렇지만 부모자식 관계는 이 규정에 곧이곧대로 적용할 수 없습니다. 부모자식 사이에 아이가 태어났을 때 타자성은 완전히 제로가 되기 때문입니다.

갓난아기는 엄마와 같은 양육자의 보호가 없으면 무력한 존재입니다. 그러므로 부모의 입장에서 볼 때 자기의 신체 일부분을 떼어내듯 아이를 낳은 어머니에게 자식을 '타자성'을 지닌 존재로 의식하기 어려운 경향이 있습니다. 그러나 앞으로 살펴보듯 부모를 향해 아이는 조금씩 타자성을 띠어갑니다. 이 점을 인정하지 못하면 나중에 부모자식 관계는 어그러질 염려가 있습니다. 과보호, 지나친 간섭, 과도한 의존을 비롯해 이른바 부모 곁을 떠나 독립하지 못하는 자식 문제, 자식을 독립시키지 못하는 부모 문제의 원인도 여기에 있을 것입니다.

결국 부모자식은 타자성 제로에서 시작해 점차 조금씩 타자성을 서로 인정하는 방향으로 나아갈 수밖에 없습니다.

부모의 '포섭 지향'과

자식의 '자립 지향'이 부딪치는 시기

사춘기에 접어들면 부딪치는 문제가 있습니다. 요즘에는 워낙 다양한 경우가 많기 때문에 한 덩어리로 묶을 수 없지만, 보통 사춘기에 들어서면 아이들은 부모 말을 듣지 않기도 하고, 부모의 가치관에 의문을 품기도 하고, 부모와 다른 가치규범을 선택하기도 합니다. 이런 경향이 심하게 나타나는 시기를 '반항기'라고 합니다. 이때부터 아이는 부모로부터 자립하려는 마음(자립 지향)을 갖기 시작한다고 볼 수 있습니다.

자식을 낳고 기르는 부모는 자식이 언제까지나 품 안의 자식이라는 심리를 갖고 있습니다. 특히 엄마는 그런 경향이 강합니다. 이를 가리켜 '포섭 지향'이라고 이름 짓겠습니다.

사춘기에서 청년기에 걸친 시기에 자식에 대한 부모의 포섭 지향과 부모에 대한 자식의 자립 지향이 부딪칩니다. 이는 어떤 의미에서 부모와 자식 양쪽 모두에게 필요한 갈등이라고 봅니다. 이 시기에 발생하는 갈등을 웬만큼 제대로 극복해놓지 못하면 부모자식 관계가 걷잡을 수 없이 뒤틀리거나 오랫동안 관계가 악화하기도 합니다. 하지만 현명하게 잘 대처하면 좋은 관계를 다시 구축할 수 있습니다.

비유적으로 말하면 아이에게 부모는 '다단형 로켓' 같은 것입니다. 한 단계 진입할 때마다 로켓 바깥에 붙어 있는 연료통이 하나씩 떨어져 나가야 합니다. 맨 처음에는 강력한 추진력으로 1단계 로켓을 쏘아 올리지만, 결국에는 아이가 자기 힘으로 나아가야 하기 때문에 여분의 연료 탱크는 단계적으로 분리됩니다.

육아에 관해 곰곰이 다시 생각해보면, 특히 자식이 사춘기에 접어들 무렵 부모는 모순되는 기능을 수행해야 한다는 점을 알 수 있습니다. 즉 부모는 아이가 자립할 수 있는 방향을 똑바로 보면서 신중하게 품을 들여 아이를 길러야 합니다. 아이를 자립시키기 위해 노력하는 것은 정반대의 방향성을 의식하면서 적극적으로 아이를 지도해야 한다는 뜻입니다. 꽤 어려운 일이죠.

그런데 이 점을 착각하는 부모도 있는 듯합니다. 초등학교 고학년쯤부터 아이가 알아서 자기 일을 챙기고, 어느 정도 부모와 대등한 커뮤니케이션이 가능해지면, '아, 이제 육아는 끝났다' 또는 '이 아이는 내 품을 떠났다'고 생각하는 사람이 적지 않습니다.

특히 딸아이를 둔 엄마가 그렇게 생각하는 일이 많습니다. 초등학교에서 중학교에 걸친 나이 때에는 여자아이가 남자아이에 비해 정신적으로 발달이 빠른 경향이 있으니까요. 키도 훌쩍 크고 신체도 발달하고 말도 잘하면 엄마는 딸에게 무엇이든 의지하기도 합니다. 또, 말로 당해내지 못할 지경이면 '더 이상 이 아이를 감당할 수 없다'는 마음에 서글퍼하는 엄마도 있습니다.

그러나 사실은 그 나이에도 부모의 정신적인 보살핌은 지속될 필요가 있습니다. 초등학교 고학년이나 중학생쯤에는 말하는 것만 보면 어지간히 조숙한 티가 나고 사리분별이 또렷한 것 같지만, 내면으로는 아직 부모에게 기대고 싶다는 마음과 유아적인 심정이 남아 있습니다. 따라서 그 나이가 되면 부모는 그때까지 신경 쓰던 방식과는 다르게 아이를 대할 필요가 있습니다. 초등학교 고학년까지는 그다지 자립성이나 타자성을 의식하지 않고 애정으로만 대하는 것도 괜찮을지 모르지만, 그 이후 사춘기부터는 본인의 자립 지향을 그 나름대로 존중해주어야 합니다. 동시에 자립은 아직 먼 미래의 일이지만 아이가 나중에 튼튼하게 뿌리 내린 자립적 존재가 될 수 있도록 아이를 정성스럽게 기르고 이끌어야 합니다.

한마디로 어른이 되기 위한 자신의 판단 능력, 타자와의 관계성을 만들어나가는 능력을 키워나갈 수 있도록 부모는 아이를 뒤에서 받쳐주고 지원하는 방식을 점점 더 고차원적으로 바꾸어나가야 합니다. 부모는 아이가 입으로 내뱉는 표면적인 말이나 감정에 현혹될 것이 아니라 자기 아이가 어느 정도까지 성숙해 있는지 잘 판별하면서 아이를 뒷받침해야 합니다. 초등학교 고학년부터 중학생에 걸친 시기에는 바로 이런 일들이 필요합니다.

어른이 된다는 것

아이가 어른이 되는 과정에는 어떤 문제가 있을까요? 하나는 앞에서 이야기했듯 가족관계의 문제가 있습니다. 또 하나는 어른이 된다는 것 자체가 어렵다는 문제가 있습니다. 젊은 독자들은 이 문제에 당장 직면하고 있겠지요.

도대체 어른이 된다는 것은 어떤 것일까요?

주위에서 흔히 하는 말 하나가 '경제적 자립'이고, 또 하나가 '정신적 자립'입니다.

경제적 자립에 대해 말하자면, 최근 들어 어려운 점이 한둘이 아닙니다. 학교를 나와 곧장 정규직으로 취직하는 일이 거의 드물기 때문에 경제적 자립이 상당히 어렵습니다. 또한 취학 기간이 이전에 비해 월등하게 길어졌기 때문에 대학 진학은 물론 대학원 진학이 늘어났고, 그 결과 경제적 자립을 이루지 못한 채 어른이 되는 경우도 많아졌습니다. 옛날에는 고등학교 또는 중학교만 졸업해도 금방 경제적으로 자립한 사람이 꽤 많았지만, 오늘날에는 서른이 다 될 때까지 부모슬하에 있는 사람도 드물지 않습니다.

정신적 자립에 대해 말하자면, 요즈음에는 아무리 나이가 들어도 정신적으로 어른이 되지 못하는 사람도 많은 듯합니다. 정신적 자립을 어떻게 파악하느냐에 따라 다르겠지만 저는 '자기 욕구의 조절'과 '자기 행위에 대한 책임 의식'이 정신적 자립의 중요한 구성 요소라고 생각합니다. 이 두 가지를 성실하게 갖춘 어른은 소수에 불과할지도 모릅니다(실은 저 스스로도 이 점에 관해서는 자신이 없습니다).

세상 사람들이 자주 지적하는 이 두 가지 외에 어른이 되는 중요한 요소는 '인간관계를 받아들이는 방식의 성숙함'입니다. 친한 사람들이나 공적 조직 안에서 다른 사람과 관계를 맺고 일정한 역할을 부여받는 가운데 자기 나름대로 적절한 태도를 취하면서 타인과 접촉하고 유대감을 형성할 수 있느냐 하는 점입니다. 100퍼센트 완벽한 어른이 되기는 힘들겠지만, 단지 경제적 자립만 지표로 삼아서는 곤란합니다. 정신적 자립, 나아가 인간관계를 받아들이는 방식의 성숙함에 대해 스스로 다시 검토해보는 일이 중요합니다.

인간이라면 누구나 한계가 있다

어른이 되기 위해 반드시 필요한 것 가운데 학교에서는 가르쳐
주지 않는 것이 두 가지 있습니다.

하나는 앞서 말한 '마음에 들지 않는 사람과도 공존해야 한다'
는 것과 그를 위한 방법입니다. 다른 하나는 '너에게는 이런 한
계가 있다'는 것입니다.

인간이 살아가는 동안 적든 많든 한계와 좌절은 반드시 찾아옵
니다. 그것을 넘어서기 위한 마음가짐을 조금씩 길러둘 필요가
있습니다. 그런데 오늘날 학교에서는 '너희에게는 무한한 가능
성이 있다'는 메시지만 강하게 들려줍니다. '인간이라면 누구나
한계가 있다', '아무리 노력해도 성공하지 못할 때도 있다'는 것
은 가르치지 않습니다.

아이들에게 상처를 안겨주고 싶지 않다든가 아이들은 무한한

가능성을 갖고 있다고 생각하는 탓일까요?

오늘날 학교에서는 예전보다 경쟁을 억제하려는 분위기가 있는 듯합니다. 실제로는 끊임없이 평가가 이루어지면서도 겉으로 그것이 드러나지 않도록 애를 씁니다. 오늘날 사회는 예전보다 극심한 경쟁이 난무하는 '평가 사회'인 거죠.

이렇듯 학교와 사회가 어긋나 있기 때문에 젊은이들은 사회생활로 뛰어들 때 엄청난 온도 차를 체감합니다. 사람이 갑작스레 좌절과 한계를 느끼면 당황해서 어쩔 줄 모르겠지요. 학교에 있는 동안만이라도 사회의 모진 풍파를 피하게 해주고 싶다는 마음은 얼핏 보면 무척이나 아이들을 생각해주는 듯하지만, 실상은 아이들의 장래를 올바르게 고려하지 않는 무책임한 태도일지도 모릅니다.

이제는 졸업한 제 제자들도 학교와 사회의 온도 차에 대해 종종 이야기합니다. 학교 문화를 통해서도 어느 정도 누구에게나 한계가 있다는 것, 앞으로 좌절을 느낄 때는 이렇게 하면 좋다는 것 등을 지식 또는 체험으로서 가르쳐주는 편이 좋지 않을까 합니다. '무한한 가능성'만 전달하며 아이들이 스스로에 대한 이미지를 부풀리게만 해서는 곤란하다는 생각이 듭니다.

학교교육뿐 아니라 가정교육도 마찬가지입니다.

이 문제와 관련해 언제나 아이들에게 꼭 들려주고 싶은 말이 두 가지 있습니다.

하나는 세상에는 반드시 '뛰는 놈 위에 나는 놈이 있다'는 것, 그리고 또 하나는 '어떤 활동 분야에도 있는 힘껏 노력해서 일류가 되려는 사람과 그렇지 않은 사람이 있지만, 활동 분야 자체에는 귀천이 없다'는 것입니다.

공부를 잘해서 좋은 성적을 받거나 어떤 활동으로 뛰어난 평가를 받을 때는 물론 칭찬해주는 것이 중요합니다. 그러나 때로는 아이에게 세상에는 본인보다 훨씬 더 우수하고, 훨씬 더 노력하는 사람이 온갖 다양한 분야에 걸쳐 엄청나게 많다는 사실을 가르쳐주는 것도 중요하다고 생각합니다.

아무리 좁은 세계라도 개의치 않고 무조건 1등을 차지하려는 마음이 강한 아이는 분발심이라는 좋은 성격이 있는 반면, 그 점이 도리어 자신이 1등이 되지 못하면 자기보다 뛰어난 사람의 발목을 걸어 넘어뜨리려는 나쁜 성격으로 기울어지기 쉽습니다. 공부를 잘하는 아이, 부모가 애지중지하는 아이, 얼굴이 예쁘장한 아이가 집단 따돌림의 표적이 되기 쉬운 것은 자신의 한계와 좌절을 알지 못하는 아이들, 또는 그것을 반쯤은 알고 있지만 인정하고 싶지 않은 아이들, 교육자 스와 데쓰지諏訪哲二의 말을 빌리면 '왕자(공주) 병에 걸린 아이들'이 늘어났기 때문일 것입니다. 그렇지만 어른이 되어감에 따라 여러 가지 좌절을 경험하면서 자신의 한계를 알기도 하고, 이 세상에는 자기보다 뛰어난 인간이 모래알처럼 많다는 것을 알게 되며, 스스로 생각하는 만큼 자신은 대단한 인간이 아니라는 것을 원치 않더라도 실감하곤 합니다.

이것을 저는 인생의 '쓴맛'이라고 부릅니다. 이 책을 읽는 여러분은 인생의 쓴맛을 견디지 못하고 원망의 수렁에 빠진 채 허우적거리는 인간은 되지 않기를 바랍니다.

어쩔 수 없이 인생의 쓴맛을 속속들이 맛볼 수밖에 없는 것이 어른의 세계입니다. 인생의 쓴맛을 맛보는 여유가 있어야 비로소 인생의 '단맛'을 자기 나름대로 즐길 수 있습니다. 좌절 없는 인생은 생각할 수도 없지요. 아무리 우수할지라도, 또 가정적으로나 경제적으로 유복한 환경을 타고난 사람처럼 보일지라도, 반드시 좌절을 경험하기 마련입니다. 만약 그렇게 보이지 않는다면 그것은 그(녀)가 자신의 좌절을 적절하게 처리함으로써 인생의 쓴맛을 어느새 인생의 단맛으로 바꾸어버렸기 때문입니다.

'사람이 살아간다'는 것은 그런 것이 아닐까 생각합니다. 힘든 일을 해내고 기쁨을 느꼈을 때, 조직 안에서 스트레스를 받으면서도 괜찮은 평가를 받았을 때, 처음에는 적성에 전혀 맞지 않는다고 생각한 일을 잘 해냈을 때, '아, 내가 이런 일도 해낼 수 있다니 의외인 걸' 하면서 미처 깨닫지 못한 자신과 만났을 때가 바로 그렇습니다.

이렇게 인생의 단맛은 인생의 쓴맛에 따라오는 법입니다. 한마디로 '고통을 통해 맛볼 수 있는 쓴맛'을 경험하기에 이르러야만 어른이 되었다고 말할 수 있습니다.

상처받기 쉬운 나와 친구 환상

윗사람과의 거리감을 지키는 것

벌써 10년도 지난 이야기인데, 당시 제가 근무한 대학에서 커뮤니케이션 이론을 담당한 선생님이 이런 말을 했습니다.

"요즘 아이들은 거리를 좁히고 친근해지면 갑자기 엉겨 붙어요. 노크도 하지 않고 '선생님!' 부르며 연구실에 들어오기도 해요. 그럴 때 '노크는 하고 들어와야지' 하거나 '지금 좀 바쁘니까 오피스 시간(교수가 비어 있다고 학생에게 미리 알려준 시간)에 와줄래?' 하면서 약간 주의를 주면, 갑자기 거리감을 느끼고 연구실에 오지 않거나 말도 하지 않아요. 때로 '선생님은 제가 생각한 이미지하고 다르네요'라고 말하기도 해요."

그녀는 미국에서 유학 생활을 했기 때문에 학생들의 이러한 극단적인 반응에 당황한 듯합니다. 다시 말해 요즘 젊은이들은 어느 정도 규칙성을 공유하고 나서, 또는 선생과 학생이라는 관계를 의식하고 나서 친밀성을 형성하는 일에 서투른 면이 있습니다.

지금 저는 복지 계열의 전문학교에도 출강하고 있는데 그곳에서 학생들을 대상으로 '고등학교 시절의 나와 지금의 나 사이에 변한 점은 무엇입니까?'라는 질문으로 설문조사를 했습니다. 그랬더니 "고등학교 시절에는 선생님에게도 반말을 썼지만 지금은 경어로 바뀌었다"라는 답변이 나왔습니다. 또는 "고등학교 때는 동아리 코치에게만 경어를 쓰고 나머지는 다 반말이었습니다. 하지만 전문학교에 들어와서는 말투나 행동거지를 주의하는 편이고, 윗사람을 대하는 언행에 대해서도 예절을 배웠습니다"라는 답변도 있었습니다.

이런 답변들이 나오는 것을 보면 고등학교 때까지는 아이들이 제멋대로 굴어도 거의 방치한 듯합니다. 집에서도, 또 학교에서도 어른들이 아이들에게 사회에 나갈 때 필요한 예의범절을 제대로 가르치지 않았다는 말이 됩니다. 이런 가르침을 받지 못한 아이들이 가엾다는 생각마저 듭니다.

이질적인 타자와 사귀는 일

고등학교 시절까지는 정서 공유성이 높고 또래도 비슷하고 자신과 동질적인 작은 집단 속에서 자기 완결적으로 폐쇄적인 집단을 구성해 생활하는 사람이 많다고 생각합니다.

그러나 학교를 졸업하고 사회에 나오면 자기와 같은 속성의 집단 외에도 다양한 세대의, 다양한 가치관을 지닌, 다양한 지역에서 온 사람들과 만나 관계를 맺을 수밖에 없습니다.

'사회적 관계'는 마음이 맞느냐 맞지 않느냐 하는 정서 공유보다는 역할을 분담하면서 협력해 성과를 올리는 것이 제일 중요합니다. 따라서 사회적 관계에서는 정서가 맞는 사람하고만 사귈 수 없습니다. 따라서 이질적인 것을 받아들이는 마음가짐이 반드시 필요합니다. 만약 '이 아이는 나와 비슷해' 하는 동질성에만 의존해 친구를 사귀는 방식을 고집한다면, 갑자기 사회로

진출했을 때 혼란이 커질 수밖에 없습니다.

이질적인 것을 받아들이는 힘이 없다면, 관계를 유지하지 못하거나 이질적인 타자와 교류하는 기쁨도 맛볼 수 없습니다.

관계를 맺는 방법의 핵심은 이질성 또는 타자성을 서서히 의식하고, 그것을 통해 친근함을 느끼고 맛보도록 훈련해가는 데 있습니다. 처음부터 당장은 무리일지 모르지만 훈련을 거듭하다 보면 서서히 익숙해질 것입니다.

그 누구도 나를 온전하게 받아줄 수 없다

정서 공유 관계를 맺고 있는 친구라도 둘 사이에 정서의 차이는 드러날 수밖에 없습니다. 그러나 그 차이는 오히려 다른 형태로 정서를 공유하는 방법을 심화시키는 계기가 될 수 있습니다. 그런 점에서 차이는 차이 그대로 서로 인정해야 합니다.

조금만 달라도 '이 사람은 나와 다르네' 하고 관계를 위한 노력을 포기한다면 인간관계를 위한 힘은 길러지지 않습니다. 어느 정도의 인내심이 없으면 결국 인간관계는 순조롭게 이어지지 못합니다.

한편 '다른 사람과 관계를 맺고 싶다', '유대감을 느끼고 싶다'는 적극적인 마음도 있지만, 다른 한편으로는 '상처입고 싶지 않다'는 소극적인 감정도 있습니다. 그것이 인간입니다. 젊은 세대일수록 상처받기 쉬운 성격을 내면에 품은 사람이 늘어나고 있는 듯합니다. 그야말로 '상처 받기 쉬운 나'의 증가입니다. '다른 사람과 이어지고 싶은 나'와 '상처받기 싫은 나'는 얼핏 모순적인 자아의 모습인 것 같습니다. 도대체 이런 자기 자신과 어떻게 마주하면 좋을까요?

기본적으로는 자신이 '신뢰할 수 있는 타자'라고 생각하는 사람을 찾아내는 것이 절대적으로 필요합니다. 그러나 그때, 신뢰할 수 있는 '나와 비슷한 사람'을 찾기보다는 신뢰할 수 있는 '타자'를 찾으려는 감각이 중요합니다.

다시 말해 신뢰할 수 있을지는 몰라도 타자이기 때문에 결코 자신을 온전하게 전부 받아줄 수는 없다는 것을 명확하게 이해해야 한다는 뜻입니다.

사람은 아무리 친해져도 결국 타자

'나를 100퍼센트 온전히 전부 받아줄 수 있는 사람이 어딘가에 있을 것이다. 언젠가는 반드시 그 사람을 만날 수 있을 것이다.' 이런 생각은 단언컨대 환상입니다.

'자신을 온전하게 전부 받아줄 수 있는 친구'라는 생각은 환상에 불과하다는 냉정한 의식이 필요합니다. 그것은 결코 타자에게 불신감을 갖는 것이 아닙니다. 이 책을 읽는 독자들은 이 점을 충분히 이해할 것입니다.

가치관을 100퍼센트 공유할 수 있다면, 그것은 더 이상 타자가 아닙니다. 그것은 자기 자신이든지, 아니면 자신의 '분신'입니다. 자기와 생각하는 것, 느끼는 것이 100퍼센트 딱 일치한다고 여기는 것은 자신이 지어낸 환상에 지나지 않을지도 모릅니다. 온전한 자세로 대하지 않는다면 어느 선 이상으로는 관계가 깊어지지도 않을 것이고, '교제하고 있다고는 해도 어딘가 마음 한구석이 쓸쓸하다'고 느낄 것입니다.

지나친 기대는 삼가야 합니다. 사람은 아무리 친해져도 결국 타자라는 것을 의식하면서 신뢰감을 형성해 나가야 합니다.

이 문제와 관련해 요즈음 자신을 표현하는 것을 무척 두려워하는 사람이 많아지고 있습니다. 사춘기는 다소 자기표현을 두려하는 시기입니다. '100퍼센트 이해받고 싶다', 아니면 '자신의 진심을 온전히 다 전달하고 싶다'고 생각하기 때문입니다. 이것 역시 '자기를 100퍼센트 온전하게 이해해줄 사람이 반드시 있을 것'이라는 환상을 부지불식간에 전제하고 있기 때문입니다. '다른 사람은 어차피 타자이기 때문에 100퍼센트 온전하게 나를 이해할 수 없어. 그건 당연한 일이야.'

차라리 이렇게 생각하는 것이 마음 편하겠지요. 이 점을 절망의 종착점이 아니라 희망의 출발점이라고 여기는 발상의 전환이 필요합니다.

연애야말로 환상을 갖기 쉽다

'나를 100퍼센트 온전하게 전부 받아줄 수 있는 사람이 어딘가에 있을 것'이라는 환상은 특히 연애할 때 품기 쉬울지도 모릅니다. 하지만 헤어지고 난 후 결국에는 그렇지 않다는 것을 배우기도 합니다. 이런 과정을 통해 우리는 조금씩 어른이 되어갑니다.

'나를 통째로 전부 받아줄 수 있다'는 것을 '절대 수용'이라는 말로 표현합니다. 인간은 누구나 절대 수용을 추구하기 마련입니다.

이를테면 절대 수용은 여자아이가 '백마 탄 왕자님'을 꿈꾸는 식으로 나타납니다. 그러나 자신의 모든 것을 받아주고, 아무리 제멋대로 굴어도 생긋생긋 웃어주는 왕자님은 이 세상에 존재하지 않습니다. '그렇다면 난 연애하지 않겠어' 하고 고집을

142

피울 것이 아니라 왕자님의 부재에 대한 인정에서 출발해야 합니다. 그런 전제 위에서 사람을 좋아하기 시작하는 것이 중요합니다.

남자아이에게 '절대 수용'은 포근한 엄마의 품 같은 존재이겠지요. 어릴 적 엄마는 대체로 넓은 품으로 무슨 일이든 전부 받아주고, 자기를 최우선적으로 배려해주는 존재입니다. '이렇게 하고 싶다'고 생각하면 엄마가 언제나 미리 배려하고 보살펴줍니다. 그러나 그런 것을 비슷한 또래의 이성에게 원하면 거절당할 테니 애니메이션이나 게임 등의 '2차원' 세계로 도피해버립니다. 그런 2차원의 세계에 나오는 위협적이지도 않고 모성적인 캐릭터를 보면서 남자아이들은 그 이미지가 자신의 이상형이라는 것을 깨닫습니다. 하지만 현실 세계에는 그런 여자아이는 존재하지 않습니다.

요컨대 친구든 연인이든 자신을 온전하게 전부 받아줄 수는 없겠지만, 자신에 대해 제대로 이해하려고 노력하는 사람과 만나야 합니다. 이런 차원에서 우리는 타자를 추구하고, 타자와 제대로 만나고, 관계를 심화시켜야 할 것입니다. 이는 현실 세계에서 '삶의 묘미'를 심화시키기 위해 필요한 일입니다.

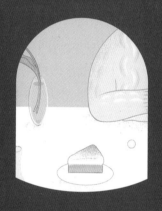

언어로 '나'를 다시 형성하자

타자와의 관계를 저해하는 언어들

타자와의 관계를 심화시킬 때 자신이 타자에 대해 '받아들이는 입장'을 취하는 것도 중요합니다. 받아들이는 입장이란 자기를 향한 상대의 말이나 행동에 자기 나름대로 성실하게 응답할 수 있는 태도를 말합니다.

그것은 결코 모든 것을 100퍼센트 상대에게 맞추는 것도 아니고, 100퍼센트 온전히 수용할 수 없다는 이유로 친밀함을 보이지 않는다는 뜻도 아닙니다. '다른 점은 다른 점대로 좋다는 점을 인정한다는 것'입니다.

가능하면 여러 사람의 말에 귀를 기울이는 것은 균형 있게 관계를 맺기 위한 좋은 훈련이 된다고 생각합니다.

그런데 독자 여러분, 특히 젊은 사람들이 평소에 아무 생각 없이 쓰는, 더구나 사용 빈도가 꽤 높은 말 중에 자기도 모르는 사이에 성실한 응답을 저해하는 말이 있습니다.

저는 딸아이를 통해 그런 말의 존재를 깨달았습니다. 딸이 초등학교 3~4학년쯤 됐을 무렵 '빡쳐'라든지 '열 받아' 같은 말을 자주 입에 담았습니다. 그 무렵부터 친구들을 바라보는 시선이 삐딱해지고, 친구들의 단점을 보는 일이 많아지고, 가족과 주위 사람들에 대한 까칠한 태도가 두드러졌습니다. 그래서 그런 말을 쓰지 말라고 타일렀지요. 젊은 사람들이 많이 사용하는 말에도 이런 유형의 말들이 몇 개 있었는데, 저는 그것을 '커뮤니케이션 저해 언어'라 명명하고 특별히 관심을 기울이기 시작했습니다. 그 이유는 다음과 같습니다.

10대는 타자와 커뮤니케이션을 주고받는 방법을 배우는 매우 중요한 시기입니다. 우리는 타자인 상대와 언어를 주고받음으로써 정보 내용을 전달할 뿐만 아니라 마음과 감정 같은 정서적인 교감도 나눕니다. 의사소통 과정에서는 자신이 상대를 바라보는 동시에 상대도 자신을 바라봅니다. 타자의 시선을 받아들이면서 우리는 '지금 여기'에 존재하는 자신을 되돌아보고 반성하는 방법을 배웁니다.

그러나 제가 커뮤니케이션 저해 언어라고 이름 붙인 일련의 언어는 자신과 상대가 쌍방향으로 주고받아야 할 시선을 자기 자신 안에서 교차하는 것을 현저하게 저해할 위험성이 있습니다.

자기가 상대를 바라보는 일방적인 시선만 존재할 뿐입니다. 즉 상대가 자신을 바라보는 시선을 회피해버리는 도구의 성격을 띠는 것이죠.

물론 제가 '이런 언어 사용을 일체 금지해야 한다'고 주장하는 것은 아닙니다. 숱한 경험을 통해 상황 판단이나 관계의 거리 감각 등을 분별할 수 있는 어른이 된다면, 때와 장소에 따라 반쯤 농담으로 이런 말을 사용할 수도 있겠지요.

하지만 10대 청소년들은 한창 타자와 커뮤니케이션을 나누는 방법을 배워야 하고, 상황에 따라 상대에게 어떠한 거리 감각을 적용해야 하는지를 익혀야 합니다. 그런 그들에게 커뮤니케이션 저해 언어는 이질적인 타자와 오롯이 교류하는 것을 회피하는 도구가 됩니다. 이른바 '도피 아이템' 기능을 지니는 것입니다. 이런 말을 빈번하게 사용한다면 그들은 알게 모르게 타자의 이질성을 향해 처음부터 등을 돌리는 신체성을 획득할지도 모릅니다. 저는 바로 이러한 위험성을 지적하고 싶은 것입니다. 그 대표적인 말이 '빡쳐'와 '짜증나'입니다.

1. '빡쳐'와 '짜증나'

이 말은 요사이 젊은이들 사이에 눈 깜짝할 사이에 정착해버린 듯합니다. '빡쳐'와 '짜증나'는 어떤 성질을 지닌 언어일까요?

그것은 자기 안에 조금이라도 불쾌감이 느껴졌을 때 그 감정을 곧장 언어화할 수 있는 매우 편리한 언어적 도구입니다.

한마디로 조금이라도 이질적으로 느껴지거나 불편한 느낌이 들 때 곧장 '불쾌감'을 표현함으로써 이질적인 것과 부딪치려는 의욕을 그 자리에서 차단해버리는 언어입니다. 더구나 그것은 타자에 대한 공격의 언어로도 쓰입니다.

바꾸어 말하면 '마음에 안 들고, 정말 싫다'는 느낌을 근거도 없이 감정 그대로 언어화하는 것입니다. 보통 '싫다'로 말할 때는 '이런 이유 때문에'라는 근거를 대야 하지만, '짜증나'는 한마디로 끝낼 수 있습니다. 이런 말은 이질적으로 느끼는 것에 대해 극단적인 거부를 즉각 표명할 수 있는 안이하면서도 편리한 언어적 도구라고 할 수 있습니다. 그러므로 다른 사람과 관계를 맺고 친분을 쌓으려고 할 때 문제를 일으킬 소지가 많습니다.

아무리 가까운 사이라도 타자와의 관계는 100퍼센트 순조롭게 흘러가지 않습니다. 관계를 구축하는 가운데 늘 이런저런 저해 요인이 발생합니다. 타자는 자기와 다른 이질적인 존재이기 때문입니다. 진심을 터놓고 이야기하면 서로 이해할 수 있는 일이라고 해도 곧장 마음을 전하지 못할 때도 있습니다. 그 와중에 이러한 커뮤니케이션 저해 언어는 타자와 맺은 관계 안에 내재한 이질성을 받아들이며 익숙해지는 과정 자체를 포기하는 것입니다.

결국 '짜증나'라든지 '열 받아' 같은 말을 입에 담자마자 이질성을 받아들인 형태의 친밀성이나 친근함을 만들어갈 가능성은 거의 제로가 되어버립니다. 이렇게 해서는 커뮤니케이션 능력이 나아질 리 없지요. 그리고 행복을 쌓아가기 위해 필요한 소중한 것들을 얻을 수 없습니다.

원래 유행어가 되기 이전에도 '열 받다'라든지 '짜증 제대로다' 같은 말은 있었습니다. 하지만 일상생활에 그다지 자주 등장하지 않았습니다. 왜냐하면 현재의 상황과 같이 금방 '열 받아'라든지 '짜증 확'이라고 표현할 수 있는 분위기가 허용되지 않았기 때문입니다. 지금은 분위기가 바뀌었습니다. '열 받아', '짜증나'가 빈번하게 쓰이기 이전에는 어땠을까요?

제가 젊었을 때도 오늘날의 젊은이와 마찬가지로 열이 받거나 짜증나는 감정을 당연히 느꼈겠지요. 그렇지만 그것을 사회적으로 표현하려면 그럴 만한 이유, 상대에 대해 거부감을 나타내도 좋다는 근거가 없으면 입 밖에 낼 수 없는 분위기가 자리잡고 있었습니다.

그러던 것이 이제는 주관적인 심정을 아주 쉽게 발설해버릴 만큼 사회적 규칙성이 느슨해진 것입니다. 예전에는 객관적인 정당성이 없으면 그런 말을 해서는 안 된다는 암묵적인 동의가 있었습니다. 따라서 아무리 열 받고 짜증이 나더라도 언어를 속으로 삼킴으로써 일종의 내성을 기를 수 있었습니다.

다시 딸 이야기로 돌아가지요. 딸아이는 커뮤니케이션 저해 언어를 입에 담지 않기 시작하면서 다른 사람에 대한 태도가 눈에 띄게 변했습니다. 마음에 들지 않는 상황이나 온전히 긍정해주지 않는 타자에 대한 내성을 기르게 된 것입니다. 그것은 단지 나이를 먹었기 때문이라든가 조금 어른스러워지는 자연 성장적인 변화 때문이 아닙니다. 딸아이의 내면에 확실히 어떤 변화가 일어났기 때문이라고 생각합니다.

친구들과 커뮤니케이션을 심화시키고 깊은 맛을 느끼기 위해서라도, 자기 내면에 내성을 단련시키기 위해서라도, '열 받아', '짜증나' 같은 말은 사용하지 않도록 해야 합니다.

2. '그건 그렇고'

'열 받아'와 '짜증나'에 비하면 커뮤니케이션을 저해하는 정도는 낮겠지만 '그건 그렇고'라는 말도 문제가 있습니다.

이 말은 이제까지 상대가 한 이야기를 온전히 받아들이지 않고 화제를 바꿈으로써 표면적으로만 대화를 이어나가는 표현입니다.

친밀한 톤이나 리듬 같은 것이 남아 있기는 하지만, 곰곰이 들어보면 대화 내용이 전혀 이어지지 않습니다. 또한 처음부터 커뮤니케이션의 심화를 기대하지 않는다는 느낌도 듭니다. 이렇게 보면 이 말은 타자와 소통하는 기회를 자기 손으로 빼앗아버리는 언어로 볼 수 있습니다.

3. '개-', '귀여워', '대박'

'개-'라는 접두어와 '귀여워'라는 형용사가 있습니다.

'개-'는 저도 때로 사용해서 학생들에게 웃음을 사는데, 편리하기 때문에 'very'라는 뜻을 강조할 때 말하곤 합니다. '귀여워'는 일본에서 여자아이가 특히 긍정적인 의미로 무언가를 평가할 때 많이 쓰는 표현입니다. 최근에는 특히 장유유서를 무시하는 형태로 젊은 여자아이가 나이 든 사람을 붙잡고 '아저씨, 귀여워요'라는 식의 말을 하는 경우가 있습니다. 젊은이 나름대로 친근함을 표현한 것이겠지요. 그러나 놀리려고 하는 말이 아닌데도 이 말을 들은 사람은 놀림을 당한 것 같아 불쾌해하기도 합니다. 뜻하지 않은 세대 차이가 발생하는 것이지요(요즘에는 나이 어린 애들에게 '귀엽다'는 말을 듣고 기뻐하는 아저씨도 늘어나는 것 같아 일반화하기는 어렵습니다).

물론 이 두 단어는 그 자체로 썩 나쁜 말은 아닙니다. 그런데도 제가 이 말들을 커뮤니케이션 저해 언어에 집어넣은 까닭은 '개-'나

'귀여워'를 연발함으로써 사물에 대한 섬세하고 미묘한 감수성을 어느새 빼앗길 염려가 있기 때문입니다.

이를테면 자기가 좋아하는 대상을 거의 모조리 '귀여워'라는 말로 다 표현해버린다면, 대상 각각이 지니고 있는 미세한 특징의 미묘한 차이를 느낄 수 없습니다. 그러면 알게 모르게 감각이 둔해집니다.

또한 더욱 넓은 의미를 포괄하는 말로 요사이 들어 '대박'이라는 말이 크게 유행하고 있습니다. 이것은 긍정적인 의미로도, 부정적인 의미로도 어쨌든 '정도가 심하다'는 것을 깡그리 이 말로 표현해버리는 만능 단어 같습니다. '이거 어때?' 하는 물음에 '대박'이라고 대답하면, 그 말만으로는 무슨 뜻인지 알 수 없지요. 그 자리의 분위기나 표정으로 의미를 읽어내는 수밖에 없습니다.

4. 캐릭터가 겹치다, KY[7]

한번은 대학생의 대화를 듣다 보니 흥미로운 말이 있었습니다. 그것은 '캐릭터가 겹치다'라는 표현입니다. '저 애는 나와 캐릭터가 겹쳐서 내가 좀 힘들어' 같은 말을 합니다. '캐릭터'라는 말이 필요할 만큼 요즘 젊은이들은 어떤 자리의 기대에 부응해 자

---

7) KY는 분위기 파악을 못하는 사람(空気を読めない人)이라는 말을 발음상 알파벳 첫 글자로 줄인 말.

신을 표현해야 하는 방식을 의식하는 것이겠지요.

일본에서는 KY(분위기 파악을 못하다/분위기 파악 좀 해라)라는 말도 가끔은 직접 듣기도 하고 인터넷에서 특히 자주 볼 수 있습니다. 요사이 젊은이들 사이에서는 그 자리의 분위기에 어울리는 행동이나 표현에 대한 강한 요구가 팽배한 듯합니다. 분명 주위 사람의 상황이나 분위기를 무시하고 자기 위주로만 행동해서도 곤란하겠지만, 지나치게 신경을 쓰면서 주위 사람들에게 자신을 맞추려고만 하면 인간관계로 인해 금방 피곤해질 위험이 있습니다.

이런 일은 남에게 어떻게 보일까 하는 점을 예민하게 의식한 나머지 자기 자신의 핵심, 즉 '나는 이러저러한 사람'이라고 솔직하게 자신을 상대에게 보여주는 것을 지나치게 두려워하기 때문이 아닐까 합니다.

물론 위에서 제시한 커뮤니케이션 저해 언어의 예들은 소비 속도가 빨라 금세 낡은 말이 되어버릴지 모릅니다. 새로운 말이 낡은 말을 대체하면서 이런 말은 한때 유행했다가 사라지기를 반복하는 것이 다반사이니까요.

언어는 삶의 깊이를 더해주는 지적 도구

이쯤에서 한번 생각해보고 싶은 것이 있습니다.

언어는 자신이 살아가는 세계에 그물을 던져 세계 속에서 자기 나름대로 '의미'를 건져 올림으로써 자신의 정서나 논리를 길러 나가는 지적 도구입니다. 자신이 세상을 어떻게 바라보고 어떻게 느끼는가? 그것을 자기 나름의 언어로 건져 올리면 여러 가지를 얻을 수 있습니다.

그러나 앞서 다룬 커뮤니케이션 저해 언어는 인간의 정서나 논리를 길러 나가기 위한 그물 치고는 극심하게 조잡합니다.

인간의 '삶'이 지닌 가장 본질적인 핵심, 즉 '삶의 묘미'는 오감을 통해 세계를 맛보고 느끼는 것입니다. 그러나 그런 언어를 사용함으로써 정서의 깊이가 의식하지 못하는 사이에 심히 천박한 것이 되어버리는 듯합니다.

커뮤니케이션을 둘러싼 불안감은 사실 공허한 언어 사용 때문에 생겨나는지도 모릅니다. 이런 언어가 일상적인 커뮤니케이션의 중심 언어가 된다면 불안감은 점점 더 조장되겠지요.

이 불안감에서 벗어날 수 있는 손쉽고 간단하고 편한 길은 없습니다. 어지간히 수고를 들여야만 합니다.

그러기 위해서는 우선 삶의 묘미에 깊이를 더하는 언어를 조금씩 꾸준하게 자기 것으로 만들어 나가는 것이 필요합니다. 그런 말의 비축량을 늘려 나가면 그때까지 막연했던 자신의 문제를 또렷한 윤곽으로 파악할 수 있습니다. 물론 그렇다고 해서 자기 안에 스멀스멀 올라오는 불안감이 일거에 해소되지는 않겠지만, 자기가 살아가는 삶이 어떤 것인지 파악하는 실마리를 붙잡을 수 있습니다.

그것은 자신이 무엇을 두려워하고, 무엇에 불안감을 느끼는지를 조금이나마 뚜렷하게 인식할 수 있다는 뜻입니다. 사회학 용어를 빌려오자면 '자기 대상화' 또는 '셀프 모니터링'의 힘을 획득하는 것이고, 그것을 통해 자신과 타인의 관계, 자신과 사회의 관계를 좀 더 또렷이 파악하는 능력을 갖추는 것입니다.

그리고 정서나 논리의 깊이를 더하는 언어를 늘리기 위해서는 역시 독서가 가장 빠른 길이라고 할 수 있습니다.

독서, '지금 여기'에 존재하지 않는 사람과의 대화

직접적으로 시야에 들어오는 '활자'에 정신을 빼앗겨 잘 의식하지 못할 때가 많지만, 실은 책을 읽는 행위의 본질은 저자와 '대화'를 나누는 것입니다.

여러 분야에서 활발하게 발언하고 있는 교육학자 사이토 다카시齋藤孝는 독서의 훌륭한 점에 대해 이렇게 말합니다.

"《삼국사기》라도 좋고 신라의 〈향가〉라도 좋다. 천 년 혹은 그 이전에 살았던 인간, 그것도 역사를 대표하는 지성과 감성을 갖춘 위대한 인물과 대화할 수 있기 때문이다."

이를테면 도스토예프스키, 톨스토이의 작품을 읽는다는 것은 직접적으로는 결코 커뮤니케이션을 나눌 수 없는 인물들과 100년도 넘는 시간적 거리와 다른 나라라는 공간적 거리를 뛰어넘어 대화를 나눈다는 것입니다.

언제나 그런 것은 아니지만 눈으로 활자를 좇다 보면 저자의 목소리가 들려오는 느낌을 받을 때가 있습니다. 저 역시 그런 느낌을 실제로 받은 적이 있습니다.

저는 약 100년 전 독일에서 활약한 사회학자 게오르그 짐멜Georg Simmel을 전문적으로 연구해 몇 년 전《짐멜·관계의 철학ジンメル·つながりの哲学》이라는 책을 썼습니다. 이 작업에 몰두하면서 실로 100년 전 독일에서 살았던 짐멜이라는 인간과 '이거 어때요? 어떻게 생각해요?' 하고 실감 있게 대화를 나누었습니다. 말할 것도 없이 이런 상태까지 빠져들려면 상당한 집중력이 필요합니다. 하지만 어느 정도 진지하게 귀를 기울이려고 하면 '지금 여기'에 존재하지 않는 저자와 직접 대화를 하는 것 같은 감각을 맛볼 수 있습니다.

진심으로 좋아하는 소설가, 시인, 역사적인 인물이 대화의 대상이 될 수 있겠지요. 책의 세계에 깊이 빨려 들어가면 글자를 통해 글쓴이나 등장인물의 육성이 들려오는 것 같은 감각, 쌍방향의 커뮤니케이션으로 흘러가는 감각이 생겨날 때가 있습니다. 물론 책을 읽는다고 언제나 그런 것은 아닙니다.《짐멜·관계의 철학》을 쓸 때는 '짐멜이라면 오늘날의 일본을 어떻게 생각할까?' 하는 물음을 끊임없이 떠올리면서 집필했고, 그렇기 때문에 어쩐지 짐멜이 시간 여행을 통해 제가 사는 시대로 온 것

같았습니다. 오늘날의 일본을 바라보면서 제 곁에서 이야기를 해주는 것 같았습니다.

커뮤니케이션의 본질은 바로 이런 것이 아닐까 합니다.

구체적인 인간관계에서도 막연하게 언어를 주고받기만 해서는 별로 도움이 되지 않습니다. 조금만 마음이 불편해지면 곧장 그 자리를 포기해버리는 언어가 튀어나오고, 자신의 감각적인 리듬에 맞거나 기분이 좋다는 것만으로 친밀함을 확인한다면 진정한 의미의 관계는 깊어지지 않습니다. 요리에 비유하자면 '쌉쌀한 맛'은 모조리 배제하고 오로지 '단맛'의 요리만 추구하는 것과 마찬가지입니다.

기분이나 리듬만의 친밀함에는 깊이도 없고 묘미도 없습니다. 친구가 많은데도 외롭다든가, 언제 배신당할지 모른다든가, 조금만 취향이 다르다거나 하면 멀어지는 등 그런 식의 친밀함으로는 불안정하고 얕팍한 관계밖에 구축할 수 없습니다.

독서의 좋은 점은 첫째, 지금 여기에 없는 사람과 대화를 나누고 정서의 깊이를 더해갈 수 있다는 점입니다.

둘째, 반복해서 책을 읽음으로써 스스로 납득할 때까지 시간을 들여 이해를 심화시킬 수 있다는 것입니다(실제 대화에서는 '어라, 지금 뭐라고 했어? 다시 한 번 말해봐' 하면서 몇 번이나 다시 말해달라고 할 수는 없지요).

셋째, 많은 책을 읽는다는 것은 많은 사람이 말을 걸어준다는 것이기 때문에 소설이든 평론이든 '아, 이런 생각도 있구나' 또는 '과연, 그렇게 느낄 수도 있겠구나' 하고 새로운 발견을 받아들일 수 있다는 것입니다. 실제 인간관계에서는 그만큼 많은 캐릭터의 인간과 커뮤니케이션을 나누다 보면 '사람에게 멀미를 일으키는 일'도 일어납니다. 그러나 책을 읽으면 작가든 등장인물이든 여러 성격의 인간과 비교적 마음 편하게 대화할 수 있습니다. 그 결과 서서히 자신의 감각이나 사고방식을 변화시킬 수 있는 것입니다.

그런 체험을 쌓아나가는 일은 힘과 노력이 들기도 하지만 익숙해지면 아주 즐거운 작업이 될 수 있습니다.

약간의 수고를 해보는 것

'즐거워도 즐겁지 않다'는 말을 설명하기 위한 핵심어로 '편하다(楽)'와 '즐겁다(楽しい)'라는 두 단어를 대비해 생각해볼 수 있습니다.

일본어의 '편하다'와 '즐겁다'는 한자가 같습니다. 이 두 가지가 의미하는 바는 일치할 때도 있지만 반드시 꼭 일치하는 것은 아닙니다.

편하게 얻어지는 즐거움은 대수롭지 않아 시시하고, 괴로운 일을 통해 비로소 얻어지는 즐거움이야말로 생생하고 커다랄 때가 있습니다. 괴로운 일이라고는 했지만 그렇게 대단한 고통일 필요는 없습니다.

저는 아오모리靑森 현 히로사키弘前 시에 산 적이 있습니다. 히로사키 공원은 벚꽃으로 유명하기 때문에 어차피 그럴 바에야 가장 아름다운 벚꽃을 보고 싶다고 생각한 적이 있습니다. 그런데 밤에는 꽃구경 파티를 열어 어수선하고, 낮에는 언제나 사람들로 북적였습니다. 벚꽃 자체의 아름다움을 고요하게 감상하고 싶지만 그럴 수 없었지요. 그래서 저는 단단히 각오하고 새벽 5시에 벚꽃을 구경하기로 했습니다.

저는 늦게 자고 늦게 일어나는 올빼미형 인간이기 때문에 새벽 일찍 일어나는 일이 힘들었지만, 그날만큼은 굳게 결심한 결과 새벽같이 일어날 수 있었습니다. 졸린 눈을 비비며 공원에 가 보니 깨끗하고 맑은 공기와 적막한 분위기 가운데 왕벚나무가 꽃봉오리를 활짝 펼치며 공중으로 떠오르는 것만 같았습니다. 그 모습은 이루 말할 수 없이 장엄하고 아름다웠습니다. 조용한 가운데 오붓하게 벚꽃을 보자고 마음먹고, 편안함 대신 새벽에 일어나는 수고를 해보니(저로서는 녹록치 않은 수고였습니다만!) '과연 이렇게 잊지 못할 체험이 기다리고 있구나!' 하고 그때 깨달았습니다.

'약간의 수고를 해보는 것'을 통해 진정한 즐거움, 삶의 묘미를 맛보는 경험은 무척 소중합니다. 편안함만 추구하면서 얻는 즐거움에는 아무래도 금방 한계나 싫증이 찾아오기 마련입니다. 하지만 어느 정도 무리를 해서라도 노력해서 얻는 즐거움은 그 마음이 오래 지속되면서 다음에 다시 노력할 수 있는 에

너지를 줍니다.

그렇다고 견디기 힘든 고통만 있다면 지쳐서 쓰러지겠지요. 어느 정도의 노력, 어느 정도의 수고가 진정한 즐거움을 맛보는 계기와 힘을 주는가에 대해 젊은이에게 알려주기도 하고, 스스로 모범을 보이기도 하는 것이 이른바 '어른'이 맡아야 할 사회적 역할이라고 생각합니다.

이것은 인간관계에도 적용할 수 있습니다. 타자를 두려워하는 감각이나 자신을 표현하는 두려움을 극복하고, 조금 수고를 들이더라도 다른 사람과 꾸준히 부딪치면서 서로의 이해를 심화시켜야 합니다. 그렇게 해야 '이 사람과 만나다니 운이 좋았어' 하는 생각을 갖고 타자와의 유대를 맺어 나갈 수 있습니다.

'친구 환상'을 넘어서

'친구를 사귀려고 하는 것은 결국 환상에 지나지 않아. 다 쓸데 없어.'

저는 이 같은 찬바람 부는 허무한 주장을 한 것이 아닙니다. 이제 까지 이 책을 읽은 독자들이라면 이해하리라 생각합니다.

'친구'라는 말이 상징하는 가까운 사람들과 친밀해지고 정서를 공유하면서 깊이 있게 '삶의 묘미'를 맛보기 위해서는 기존의 상 식을 조금은 의심스럽게 바라보고, 사람과 사람 사이의 거리 감 각에 대해 약간 민감해져야 하지 않을까 하는 이야기를 한 것 입니다.

'친구 환상'은 사실 제 자신이 이제까지 무의식중에 품어왔던 생 각이기도 합니다. 친구 환상은 저 스스로에게도 현재 진행형의 문제인 거죠. 저 역시 친구 환상에서 거리를 두고, 현실 속에서 타자와 부딪치면서 심도 있게 '삶의 묘미'를 맛보고 싶습니다. 이를 위한 해결책들을 여러분과 함께 살펴보고 싶은 마음이 이 책의 출발점입니다.

이 책을 써 나가는 가운데 이제껏 관계를 맺어온 많은 사람들의 얼굴이 떠올랐습니다. 지역 조사를 하러 나갔을 때 직장이나 집안일에 대해 이야기를 들려준 현지의 주민들, 강의와 연구실에서 마음을 터놓고 대화를 나누던 세미나 참여 학생 및 제자들, 학교 현상에서 일어나는 사건을 구체적으로 들려준 초중학교의 교사들 등등.

여러 현장에서 만난 사람들이 공통적으로 떠안은 문제는 타자와 어떻게 관계를 맺을까 하는 것이었습니다. 어떤 사람들은 아주 절묘하게 거리 감각을 갖고 타자와 능숙하게 교제하고 있었지만, 어떤 젊은이들은 친밀한 관계에 있는 타자들로 인해 고민하고 있었습니다. 많은 사람들과 나눈 구체적인 대화를 바탕으로 사람과 사람 사이의 '관계'에 대해 논리를 세워 고찰한 것이 이 책입니다. 많은 도움을 준 여러분에게 감사드립니다.

마지막으로 열의를 갖고 출간을 권해주고 능숙하게 진행을 맡아준 출판사와 편집자 덕분에 아주 즐겁게 일할 수 있었습니다. 감사합니다.

'사이좋게'에서 자유로워지는 관계 수업

친하다는 이유만으로

초판 1쇄 인쇄 2018년 6월 15일   초판 1쇄 발행 2018년 6월 21일

지은이 간노 히토시   옮긴이 김경원   펴낸이 연준혁

출판 2분사 이사 이진영
출판 2분사 분사장 박경순
책임편집 정지은
디자인 스튜디오 고민
일러스트 황로우

펴낸곳 (주)위즈덤하우스 미디어그룹   출판등록 2000년 5월 23일 제13-1071호
주소 (410-380) 경기도 고양시 일산동구 정발산로 43-20 센트럴프라자 6층
전화 031)936-4000 팩스 031)903-3893 홈페이지 www.wisdomhouse.co.kr

값 12,000원   ISBN 979-11-6220-410-8 03330

국립중앙도서관 출판시도서목록(CIP)

친하다는 이유만으로 : '사이좋게'에서 자유로워지는 관계 수업 /
지은이: 간노 히토시 ; 옮긴이: 김경원. — 고양 :
위즈덤하우스미디어그룹, 2018

168p. ; 10cm

원표제: 友だち幻想 : 人と人の〈つながり〉を考える
원저자명: 菅野仁
일본어 원작을 한국어로 번역

ISBN 979-11-6220-410-8 03330 : ₩12000

인간 관계[人間關係]

331.18-KDC6
302-DDC23   CIP2018016790